AF643944

DAS RADREISEBUCH DEUTSCHLAND

30 außergewöhnliche Fernradwege

BRUCKMANN

Von der Binnenalster eröffnen sich prächtige Blicke auf das Hamburger Rathaus..

Inhalt

Westerland
Sylt
Flensburg
Husum
Kiel
Fehmarn
Nordsee
stsee
Rügen
Sassnitz
Stralsund
Usedom
Ahlbeck
Rostock
Wismar
L beck
Cuxhaven
Elbe
Hamburg
Schwerin
Waren
Neubrandenburg
Wilhelmshaven
Bremerhaven
Oldenburg
Bremen
L neburg
Havel
Delmenhorst
Soltau
Salzwedel
Wittenberge
Oranien-
burg
der
Weser
Hannover
Wolfsburg
Brandenburg
an der Havel
Berlin
Potsdam
Frankfurt
an der Oder
Rheine
Osnabr ck
Braunschweig
Magdeburg
Treuenbrietzen
M nster
Bielefeld
Goslar
Harz
Spree
Hamm
Paderborn
Dessau
Cottbus
Essen
Dortmund
Saale
Torgau
Duisburg
Bochum
Ruhr
G ttingen
Halle
Leipzig
Elbe
sseldorf
Wuppertal
Rothaar-Geb.
Kassel
G rlitz
Erfurt
Dresden
K ln
Siegen
Bad Salzungen
Thüringer Wald
Jena
Gera
ulde
Chemnitz
Aachen
Bonn
Wetterau
Marburg
Vogelsberg
Erzgebirge
Lahn
Eifel
Koblenz
Limburg
Sonneberg
Frankenwald
Cochem
Wiesbaden
Frankfurt am Main
Fichtelgeb.
ain
Bamberg
Bayreuth
Mainz
Darmstadt
Trier
Hunsrück
W rzburg
denwald
Miltenberg
Erlangen
berpfälzer Wald
Worms
Mannheim
Ludwigshafen
N rnberg
Neckar
Rothenburg
ob der Tauber
Saarbr cken
Heidel-
berg
Pfälzer
Wald
Heilbronn
Regensburg
Bodenmais
Bayerischer Wald
Karlsruhe
Ludwigsburg
Pforzheim
Stuttgart
onau
Ingolstadt
Baden-Baden
T bingen
lb
Isar
Landshut
Passau
Schwäbische
Ulm
Augsburg
Inn
Schwarzwald
M nchen
Wasserburg
Villingen-Schwenningen
Freiburg
Kempten
(Allg u)
Singen
Berchtesgaden
100 km
L rrach
Konstanz
Garmisch-
Partenkirchen
1
2
3
4
5
6
7
8
9
10
11
12
13
14
15
16
17
18
19
20
21
22
23
24
25
26
27
28
29
30

DAS
RADREISEBUCH DEUTSCHLAND

Die Wasserradlwege erschließen auf mehreren Panoramaschleifen ganz Oberbayern.

Der Fluss Spree leitet Radler ins Herz von Berlin.

Die Kirche St. Lukas begrüßt Radler bei der Einfahrt nach München.

SÜDDEUTSCHLAND

Flussradwege wie hier entlang der Mosel zählen zu den beliebtesten Routen Deutschlands.

Fahrradland Deutschland

Ein Fahrrad ist das ideale Gefährt, um durch Deutschland zu reisen. Hinter jeder Wegbiegung frische Farben und neue Gerüche.

Ein Maler würde den Staat so skizzieren: Im Norden zeichnet er zwei Küsten ein mit Buchten, Flussmündungen und Inseln. Hier finden Radler flaches Terrain, genauso im Norddeutschen Tiefland. Felder wogen bis zum Horizont. Im Ostteil reiht sich See an See. Südlich davon tupft der Künstler mehrere Mittelgebirge hin. Sie sind mit Wäldern bepackt und von Flüssen umschlungen.

Was ist befreiender, als unbeschwert an einem gemächlich dahinströmenden Wasserlauf entlangzurollen und den Blick über die grünen Landschaften schweifen zu lassen? Zu sehen, wie der Bergbach an der Seite zum Fluss anschwillt, dann zum Strom wird. Während man am Rad freudig einen Gang zulegt, schaltet das Gehirn einen herunter. Glücksgefühle durchfluten den Körper.

Überall gibt es im Lande sehenswerte Städte und Dörfer. Sie sind verbunden durch feine Linien – die Radfernwege. Manche tragen den Namen einer Landschaft, andere hat man einem Thema zugeordnet.

Werden Sie zum Maler und füllen Sie den eigenen Urlaubstraum mit Farbe! Sich am Meer vom Wind nach Osten wehen lassen oder eines der Mittelgebirge durchqueren. Alles ist möglich. Radler können hierzulande nicht nur vorwärts strampeln, sondern auch rückwärts in der Zeit. Sie drehen die Sanduhr um und schauen, was am Wegesrand auftaucht. Fachwerkstädtchen erwärmen das Herz, Ruinen beflügeln die Fantasie und uralte Kirchen lassen einen still werden.

Hunderte Radfernwege ziehen sich durch Deutschland. Das Radreisebuch dient zur Inspiration und hilft bei der Wahl, wohin zu radeln. Neben den 30 Hauptrouten zeigt es in den Regionen 90 Geheimtipps. Lesen Sie, ob die nachgeschlagene Tour Ihren Wünschen entspricht. Zusätzliche Infos gibt es auf den aufgelisteten Seiten der Tourismusverbände. Jede Fahrt führt raus aus dem Vertrauten. Tag für Tag ein Stück weiterziehen, erleben, wie sich das Umfeld allmählich ändert. Neue Landschaften, in den Städten eine andere Architektur. Einfach losstrampeln – es lohnt sich.

Entdecken Sie die Heimat per Rad!

Ich wünsche beim Radeln gutes Wetter und tolle Erlebnisse.

Thorsten Brönner

Zwischen Wallgau und Vorderriß darf sich die Isar vor der Kulisse des Karwendelgebirges frei entfalten.

Die Kreidefelsen haben den Nationalpark Jasmund auf Rügen bekannt gemacht.

Norddeutschland

Weite Landschaften, historische Städte und überall Wasser. Radeln Sie am Meer entlang, folgen Sie einem der Flüsse oder umrunden Sie mehrere Seen. Es lohnt sich!

1

Nordseeküsten-Radweg

Im Bann der Gezeiten

Die Nordseeküste fasziniert jeden Tag aufs Neue. Sie setzt für den Touristenfang besondere Köder ein. Lenker gen Osten und von Bucht zu Bucht steuern. Radler genießen das Deichpanorama und lassen den Blick über die weiten Landschaften gleiten.

Ebbe–Flut–Ebbe–Flut. Das Herz der Nordsee schlägt irgendwo weit draußen, und es schlägt in einem gleichmäßigen Takt. Das Pulsieren dauert gut sechs Stunden. Im Bann der Gezeiten ziehen Radler gen Osten, fasziniert vom Watt. Jenem Landstrich, der sich nicht entscheiden kann, ob er Meer oder Land sein möchte.

Die Reise beginnt in Leer. Es ist eine Stadt, die einem schnell ans Herz wächst. Hier überrascht die historisch gewachsene Altstadt mit ihren roten Bürgerhäusern, dort das Bünting Teemuseum. Jacke überstreifen, rauf aufs Rad und raus in den Wind! An der Seite der Ems bahnt man sich einen Weg durch blökende Schafe. Die Räder rollen leicht über die asphaltierten Dammkronenwege der Halbinsel Krummhörn. Hier trotzen Deutschlands größter und kleinster Leuchtturm Wind und Wetter. Das nächste Ziel versteckt sich im Schatten eines grünen Schutzdeichs. Es ist das idyllische Fischer- und Künstlerdorf Greetsiel mit seinen Zwillingsmühlen. Giebelhäuser aus dem 17. Jahrhundert rahmen die malerische Szenerie ein.

Jade, Weser und Elbe

Radler steuern weiter entlang der Deutschen Bucht. Von der Bierbrauerstadt Jever mit seinem Schloss sind es im Sattel zwei Stunden bis Wilhelmshaven. Dass Wilhelmshaven durch die nahe Nordsee geprägt ist, sieht man in drei Ausstellungen. Zur Auswahl stehen: das Küstenmuseum, das Wattenmeerhaus und das Marinemuseum. Nach der Fahrt um den Jadebusen bildet der einen Kilometer breite Weserstrom die nächste Landmarke. Am Ostufer ragt die Silhouette von Bremerhaven auf. Spannend ist ein Besuch des Museumshafens. Hier ankern Schmuckstücke wie der hölzerne Handels-Großsegler »Seute Deern«, der Walfangdampfer »Rau IX« sowie das U-Boot »Wilhelm Bauer«. Daneben zieht das futuristische Klimahaus Bremerhaven 8° Ost die Blicke an. Es ist wie das Deutsche Auswandererhaus einer der Besuchermagneten der Stadt. Hinter dem weitläufigen Containerterminal vollzieht die Umgebung einen Wandel: Aus den bunten Containern werden rote Backsteinhäuser, aus den zugebauten Flächen grünes Deichland mit

Der historische Ortskern von Stade erstreckt sich um den Alten Hafen.

Wesermarsch

Die Zugvögel scheinen es zu wissen, jedes Jahr finden sie sich in der Wesermarsch zum Tischleindeckdich ein. Auch für Radler bietet die Gegend, in der sich die Flüsse Weser und Jade trichterförmig zur Nordsee öffnen, viel. Die ADFC-RadReiseRegion umfasst 840 Kilometer markierte Wege. Vom Wattenmeer aus landeinwärts wechseln Marschgebiete mit Mooren, Feldern und Wäldern. Der Wind weht Radler in Dörfer mit roten Backsteinbauten. Man besichtigt eine der Mühlen, rastet in einem Landcafé oder beobachtet am Horizont die Hochseeschiffe.

Schafen und Kühen. Mittendrin die Weser, die sich gen Norden trichterförmig öffnet. Man macht es sich auf einer Parkbank unweit der Kugelbake in Cuxhaven bequem. In der Ferne scheinen die Ozeanriesen einer Fata Morgana gleich durch das Wattenmeer zu gleiten – lautlos und anmutig. Die Elbe prägt das mittlere Teilstück. Unterwegs reißen die Höhepunkte nicht ab: Den Anfang macht Hemmoor, wo man mit der nostalgischen Schwebefähre über den Fluss Oste schweben kann. Es folgt Stade mit seinem Freilichtmuseum, den verschachtelten Gassen und dem Hafen.

Die Große Welt in Hamburg

Im Alten Land wechseln sich Reihen von Obstbäumen mit gepflegten Fachwerkhäusern ab. Die Dörfer weichen Vorstädten. Die Vorstädte wachsen zu Hamburg zusammen. Hafen, Alster und Michel – diese drei Klassiker sind ein absolutes Muss in der Hansestadt. Doch es gibt weitaus mehr zu entdecken, wie z. B. die größte Modelleisenbahn der Welt im Miniatur Wunderland in der Speicherstadt. Ein weiterer Publikumsliebling ist der Hamburger Fischmarkt. Neben den Obstsorten aus dem Umland bieten die Marktschreier die Schätze der Nordsee an. So wandern hier Garnelen, Aale, Schollen, Makrelen und Heringe über die Ladentheken und bereichern die norddeutsche Küche. Elbabwärts lösen sich Fischerhäuschen mit Kapitänsvillen ab. In Wedel zieht ein Schild mit der Aufschrift »Willkomm-Höft« die Blicke an.

➲ Der Hamburger Hafen blickt auf eine über 800-jährige Geschichte zurück.

Die Greetsieler Zwillingsmühlen geben am östlichen Ortsausgang ein schönes Fotomotiv ab.

LOUISIANA ★ STAR

Alle ein- und auslaufenden Schiffe mit einer Bruttoraumzahl größer als 1000 werden mit der jeweiligen Nationalhymne begrüßt oder verabschiedet. Über die Lautsprecher erzählt der Begrüßungskapitän Wissenswertes zu den einzelnen Meeresriesen. Voraus liegt Glückstadt. 1617 sprach der Dänenkönig Christian IV. bei der Gründung: »Dat schall glücken und dat mutt glücken, un dann schall se ok Glückstadt heten«.

Sylt oder weiterradeln?

Die Küste gibt den Weg Richtung St. Michaelisdonn und der Nationalparkgemeinde Büsum vor. Dahinter kommen die vor 100 Jahren errichteten Pfahlbauten von St. Peter-Ording in Sicht. Was man hier macht? Entspannen! Und zwar in einem der Strandkörbe mit Blick auf die Surfer und Strandsegler. Der Weg verläuft anschließend durch weite Wiesen, Weiden und Felder. Gräben und lange Wallhecken durchschneiden die Landschaft. Nach einem Besuch der Stadt Husum fegt der Wind Radler auf die Halbinsel Nordstrand. In der Ferne blitzen die Halligen im Wattenmeer auf, die sich um die Insel Pellworm drängen. Der Schriftsteller Theodor Storm nannte die zehn Eilande einst »schwimmende Träume«. Das Schimmelreiterland ist durchschritten. In Niebüll steht eine Entscheidung an: Weiterhin dem Küstenradweg folgen und via Dänemark und Schweden bis zu den Fjorden Norwegens radeln? Oder doch besser die Füße auf Sylt – Deutschlands nördlichster Insel hochlegen? Klingt beides verlockend!

Gut zu wissen

SCHWIERIGKEIT Leicht

WEGLÄNGE 902 km

CHARAKTER Der für Kinder gut geeignete Radweg nutzt die asphaltierten Wege entlang der Deiche und schwenkt teils ins Hinterland.

WEGMARKIERUNG Logo mit dem Schriftzug »North Sea Cycle Route« und einem blau umrahmten Fahrrad.

E-BIKE In Niedersachsen findet man auf www.friesland-touristik.de und www.cuxland.de alle Infos zum Thema E-Biken. Die Webseite www.nordseetourismus.de listet Verleihstationen und Akkutausch-Stationen für E-Bikes an der Nordsee in Schleswig-Holstein auf.

AUSGANGSPUNKT Leer (Niedersachsen)

ENDPUNKT Niebüll (Schleswig-Holstein)

AN- UND ABREISE Leer und Niebüll erreicht man mit der Bahn. Dazu gibt es unterwegs in mehreren Städten an der Route Bahnhöfe.

TOURISTINFO de.eurovelo.com/ev12; Die Nordsee, www.die-nordsee.de; Nordseetourismus, www.nordseetourismus.de

Der Pilsumer Leuchtturm wurde am 1. Oktober 1891 in Dienst gestellt.

An der Nordsee beweiden Schafe die Deiche.

Es lohnt sich, den Nordseeküsten-Radweg zu verlassen und eine der Inseln anzusteuern.

2

Weser-Radweg

Flussfahrt mit Überraschungen

Das Tal der Weser ist eines, das Radler lieben. Flache Wege führen in historische Städte. Auf Hann. Münden folgen Bad Karlshafen, Hameln und Minden. Im letzten Reisedrittel kommt man aus dem Staunen nicht mehr heraus. Von Bremen geht es nach Bremerhaven – und an die Nordsee.

Wenn Radler nach 500 Kilometern an der Kugelbake in Cuxhaven einen Strandkorb entern, sind sie zugleich beseelt wie verwundert. Warum ist einem die Weser in den letzten Tagen so ans Herz gewachsen? So sehr, dass man den ganzen Tag draußen umhergezogen ist.

Die Fahrt beginnt im Herzen Deutschlands mit einem »Kuss.« Wie der Weserstein in Hann. Münden verrät, entsteht der Strom durch die Vereinigung von Fulda und Werra. Die eine zieht von der Rhön herab, die andere aus dem Thüringer Wald. Im Herzen der von Fachwerkhäusern gesäumten Gassen von Hann. Münden steht das im Stil der Weserrenaissance errichtete Rathaus. Unter der Uhr hat man ein Glockenspiel installiert. Es erklingt dreimal täglich das Spottlied auf Doktor Eisenbarth. 500 Meter entfernt schickt uns der Weserstein auf die Reise. Wer den Schleifen folgt, muss nicht viel entscheiden. Der Fluss zeichnet die Richtung vor, die Routenschilder den Weg. Das Rad flitzt voran, Fahrtwind streicht über das Gesicht und langsam gleiten die Panoramen vorbei.

Perlen der Weserrenaissance

In Bad Karlshafen lohnt ein Spaziergang. Die blütenweißen Häuserkarrees und die symmetrisch angelegten Straßen sind typisch für die Barockstadt. Sie wurde im Jahr 1699 unter dem Landgrafen Carl zu Hessen errichtet. Er siedelte in der Planstadt Flüchtlinge aus Frankreich (Hugenotten) an. Wir kehren der nördlichsten Stadt Hessens den Rücken zu und fahren nach Nordrhein-Westfalen hinein.

➲ In Hann. Münden vereinigen sich die Flüsse Fulda und Werra zur Weser.

➲ Hann. Münden lässt sich gut mit dem Fahrrad erkunden.

Wo Werra sich und Fulda küssen
Sie ihre Namen büssen müssen.
Und hier entsteht durch diesen Kuss
Deutsch bis zum Meer der Weser Fluss.
Hann. Münden d. 31. Juli
1899.

Einer der Pflichtstopps gebührt dem Kloster Corvey, einem Weltkulturerbe der UNESCO. Die Geschichte der Reichsabtei lässt sich bis ins 9. Jahrhundert zurückverfolgen. Anschließend wirft die Weser ihre nächsten Schleifen. Mal umschlingen sie ein Dorf, dann wieder eine Stadt.

Man bummelt an Holzminden und Bodenwerder vorbei nach Hameln. Wer kennt sie nicht, die Sage über den Rattenfänger? Bei einer Führung durch die Weserrenaissancebauten wird sie lebendig. Man dreht den Kopf und staunt: Das Auge erfreut sich an reich verzierten Giebeln, Erkern und Schmuckleisten.

Der Radweg kehrt der Weser von Zeit zu Zeit den Rücken und durchläuft im reizvollen Wechsel Waldstücke und Felder. Vorbei an Vlotho führt die Reise ins Zentrum von Bad Oeynhausen. Das Staatsbad liegt idyllisch zwischen dem Wiehengebirge und dem Lipper Bergland. Sein Herz schlägt im Kurpark, den man 1853 nach Entwürfen von Peter Joseph Lenné anlegte. Zehn Kilometer entfernt durchbricht die Weser die Porta Westfalica. Hoch oben steht das 88 Meter hohe Kaiser-Wilhelm-Denkmal.

Fahrt ins Norddeutsche Tiefland

Die Höhenzüge des Wiehengebirges und des Wesergebirges weichen zurück. Voraus dehnt sich das Norddeutsche Tiefland aus. An dieser Stelle liegt Minden. In der Stadt ist man stolz auf den Dom St. Gorgonius und Petrus. Die Hallenkirche vereint die Stilrichtungen der Romanik mit der Gotik und blickt auf eine 1000-jährige Geschichte zurück. Die Weser schlüpft unter dem Mittellandkanal durch und führt in eine idyllische Geestlandschaft mit Uferwiesen, Holländerwindmühlen und Baumreihen.

Mittlerweile ist mehr als die Hälfte des Radweges bis zur Nordsee zurückgelegt, und man durchläuft in der weit einzusehenden Landschaft Dörfer und Gehöfte. Wo sich die Aller mit der Weser vereint, liegt Verden mit seinem

Nördlich von Höxter befindet sich die ehemalige Benediktinerabtei Corvey mit ihren großzügig angelegten Innenhöfen.

Fahrt durch Bremerhaven mit dem Deutschen Schifffahrtsmuseum

Freie Hansestadt Bremen

In der »guten Stube«, wie die Bremer ihren Marktplatz liebevoll nennen, empfängt uns der lächelnde Roland. Seit 1404 symbolisiert er Freiheit und Stadtrechte. Sein Blick schweift in Richtung des Domes St. Petri mit den zwei Türmen und einer Geschichte von über 1200 Jahren. Lüder von Bentheim renovierte die Fassade Anfang des 17. Jahrhunderts im Stil der Weserrenaissance. »Das Rathaus und der Roland auf dem Bremer Marktplatz sind einzigartige Zeugnisse für die Entwicklung von Autonomie und Marktrechten des europäischen Bürgertums speziell im Heiligen Römischen Reich Deutscher Nation«, erklärte die UNESCO bei der Aufnahme in die Welterbeliste im Juli 2004.

beeindruckenden Backsteindom. Hinter Achim rollen wir in das Bundesland Bremen. Durch den florierenden Handel der Hanse erlebte die Stadt zwischen dem 13. und 17. Jahrhundert einen Bauboom, der heutige Touristen auf Schritt und Tritt zum Fotoapparat greifen lässt. Malerisch ist es auf dem kopfsteingepflasterten Marktplatz mit dem Rathaus, der Rolandstatue und der Ratskirche. Gegenüber steht das heimliche Wahrzeichen der Stadt – die Bremer Stadtmusikanten. Hund steht auf Esel, Katze steht auf Hund, Hahn steht auf Katze.

Seeluft schnuppern

Die Bremer Weserpromenade bleibt zurück. Der Strom fließt der Nordsee entgegen und nimmt mit der Wümme und der Hunte zwei weitere Flüsse auf. Er zieht breit und gemächlich durch die Marsch- und Moorlandschaften. Vom asphaltierten Deichkronenradweg lassen sich gut die vorbeiziehenden Schiffe beobachten. Sie künden das nächste Ziel an – Bremerhaven. In der 1827 gegründeten Seestadt dreht sich vieles um das Meer. Hier das Deutsche Schifffahrtsmuseum und das Klimahaus Bremerhaven 8° Ost, daneben das Deutsche Auswandererhaus und der Zoo am Meer. Radler überqueren die alte Kaiserschleuse, werfen einen Blick in die riesigen Kaianlagen und die Becken der Docks. Das Panorama des zwei Millionen Quadratmeter umfassenden Containerterminals mit seinen modernen Kranbrücken wird kleiner. Voraus liegt der finale Abschnitt der Radtour. An der Kugelbake in Cuxhaven steigt man zufrieden vom Sattel und mietet sich einen Strandkorb. Hinsetzen, genießen, den Meeresriesen nachschauen.

Gut zu wissen

SCHWIERIGKEIT Leicht

WEGLÄNGE 497 km

CHARAKTER Die Topografie ist meist flach und familienfreundlich. Dabei rollt man über asphaltierte Radwege.

WEGMARKIERUNG Schilder mit der Aufschrift »Weser-Radweg« zeigen die Route an.

E-BIKE Die Webseite www.weserradweg-info.de und die Weser-Radweg App listen E-Bike-Ladestationen, Radverleihe und Reparaturstätten auf.

AUSGANGSPUNKT Hann. Münden (Niedersachsen)

ENDPUNKT Cuxhaven (Niedersachsen)

AN- UND ABREISE Entlang der Weser gibt es viele Bahnhöfe, auch am Startort Hann. Münden und dem Reiseziel Cuxhaven.

TOURISTINFO www.weserradweg-info.de mit Weserradweg-App;
Weserbergland Tourismus,
www.weserbergland-tourismus.de;
TourismusMarketing Niedersachsen,
www.reiseland-niedersachsen.de und
www.niedersachsen-radroutenplaner.de;
Bremer Touristik-Zentrale,
www.bremen-tourismus.de

Das Klimahaus Bremerhaven 8° Ost ist eine der Attraktionen der Stadt.

Die Bremer Wallanlagen wurden zu einer Parkanlage umgestaltet, aus der die Herdentorsmühle herausragt.

Die Statue der Bremer Stadtmusikanten ziert den Marktplatz von Bremen.

3

Leine-Heide-Radweg

Doppelte Idylle

Diese Radroute hat drei Gesichter. Auf das thüringische Eichsfeld folgt das beschauliche Leinetal. Nördlich von Hannover übernimmt die Heide die Regie. Hier ist das Terrain leicht wellig. Die Weite der Landschaft stimmt auf das Reiseziel ein – Hamburg das Tor zur Welt. Man könnte glatt weiterradeln!

Der Leine-Heide-Radweg ist einer, der vom Start weg beeindruckt und bis zum Reiseziel nicht mehr loslässt. Der knapp 280 Kilometer lange Fluss entspringt in der Mitte Deutschlands in Leinefelde. Wir sind im Eichsfeld, einer plateauähnlichen Landschaft im Grenzland zwischen Niedersachsen, Thüringen und Hessen. Auf der Fahrt gen Norden schweift der Blick über Felder, Wiesen und Wälder. Die Gegend verzückte bereits Theodor Storm. Er schrieb: »Ich weiß nicht, dass ich jemals von der zauberhaften Schönheit eines Erdenfleckens so innerlichst berührt worden wäre.« Im Heilbad Heiligenstadt diente der Dichter zwischen 1856 und 1864 als Amtsrichter. In der Stadt lohnt es, die drei gotischen Kirchen anzuschauen: St. Aegidien, St. Marien und St. Martin.

Auf das Leinebergland folgt die Universitätsstadt Göttingen. Bei der Anfahrt fallen die gepflegten Radwege auf. 2019 wurde die Stadt als fahrradfreundliche Kommune zertifiziert und beim Fahrradklima-Test 2020 des Allgemeinen Deutschen Fahrrad-Clubs (ADFC) in der Stadtgrößengruppe 100 000 bis 200 000 Einwohner mit dem ersten Rang prämiert.

Süffiges Bier und große Architektur

Entspannt lässt es sich zur Northeimer Seenplatte radeln. Dahinter erreicht man Einbeck. Die ehemalige Hansestadt liegt am Fluss Ilme. In dem Stadtkern bilden mehrere Straßenzüge mit spätmittelalterlichen Fachwerkhäusern eine architektonische Einheit. Garant für den Wohlstand war das »Ainpöckisch Bier«. Man exportierte es nach Amsterdam, München, Dänemark und sogar bis Riga. Martin Luther soll im Jahr 1521 auf dem Reichstag zu Worms gesagt haben: »Der beste Trank, den einer kennt, der wird Einbecker Bier genennt.«

Zwei Radstunden entfernt liegt das im 13. Jahrhundert gegründete Fachwerkstädtchen Alfeld. Neugierig rollt man

Der Maschpark in Hannover wird vom Neuen Rathaus überstrahlt. Es wurde 1913 im Prunkstil der wilhelminischen Epoche fertiggestellt.

Bremerhaven
Hamburg
Lüneburg
Bremen
Soltau
Delmenhorst
Salzwedel
Aller
Weser
Wolfsburg
Hannover
Braunschweig
Leine
Bielefeld
Alfeld
Goslar
Harz
Paderborn
50 km
Göttingen
Leinefelde-Worbis
Kassel

über den von Fachwerkbauten eingefassten Marktplatz. Der nächste Wegweiser schickt einen ans Westufer der Leine. Es fällt die geometrische Stahlbetonkonstruktion des Fagus-Werkes mit seinen gläsernen Vorhangfassaden auf.

Hier verewigte sich Anfang des 20. Jahrhunderts der Architekt Walter Gropius. Er gestaltete im Auftrag des Firmengründers Carl Benscheidt eine Schuhleistenfabrik, die als Ursprungswerk der modernen Industriearchitektur gilt. Dass der damalige Bauherr Mut bewiesen hatte, sah man am 25. Juni 2011 zum 100-jährigen Jubiläum des Fagus-Werkes, als die UNESCO das Areal zum Weltkulturerbe erhob. Bei der Weiterfahrt staffeln sich im Osten abgerundete Waldhügel auf.

Der kreisförmig angelegte Heidegarten in Schneverdingen ist frei zugänglich und vermittelt einen Überblick zu den verschiedenen Heidearten.

Das Schloss Marienburg wurde 1867 fertiggestellt und kann bei einer Schlossführung bestaunt werden.

Fahrt durch die Heide bei Schneverdingen

Fahrradregion Hannover

Zwei Stunden entfernt rückt das Schloss Marienburg ins Bild und bewacht majestätisch den Eingang des Leinetales. Der neugotische Prunkbau war ein Geburtstagsgeschenk des hannoverschen Königs Georg V. an seine Frau, Königin Marie, und diente als Sommerresidenz der Welfen. Die bewaldeten Höhenzüge weichen zurück. Voraus liegt die Norddeutsche Tiefebene. Auf dem nächsten Teilstück nutzen wir das rund 1000 Kilometer umspannende Wegenetz der Fahrradregion Hannover, das zielsicher in die Landeshauptstadt geleitet. Dort steuert man im Maschpark das neue Rathaus an. Beliebt ist eine Fahrt mit dem Bogenaufzug hinauf in die knapp 100 Meter hohe Kuppel des 1913 errichteten Prachtbaus. Oben schweift der Blick über Hannover und seine Parks.

Auf der Reise durch die flache Wald- und Wiesenlandschaft zieht es den Fluss zur Aller hin. Wir lassen die Leine bei Hodenhagen ziehen und folgen der Radtour ins Hinterland. Unterwegs gibt es lohnende Ausflugsziele: etwa den Serengeti-Park, den Weltvogelpark in Walsrode oder Soltau, das sich gerne als »Herz der Heide« bezeichnet.

loth loriën

UNESCO-Welterbe Speicherstadt

13 000 Seeschiffe laufen jährlich den Hamburger Hafen an. Er wurde vor mehr als 800 Jahren gegründet. Um diesen Umschlagplatz im und am Wasser kennenzulernen, bietet sich eine Hafenrundfahrt an. Die Kapitäne fahren an den Landungsbrücken los und lenken ihre Boote durch die Wasserläufe der über 120 Jahre alten Speicherstadt. In dem weltweit größten auf Eichenpfählen errichteten Lagerhauskomplex haben u. a. das Internationale Maritime Museum, das Miniatur Wunderland sowie das Deutsche Zollmuseum eine stilvolle Bleibe. Im Kontorhausviertel sticht das eindrucksvolle, aus 4,8 Millionen Backsteinen erbaute zehnstöckige Chilehaus von 1922 heraus.

Von der Heide zum Hafen

Die Natur- und Kulturlandschaft der Lüneburger Heide ist aus der jahrhundertealten Tradition der Heidebauernwirtschaft hervorgegangen. Die sonnenliebende Besenheide kommt gut mit den unfruchtbaren, sandigen Böden der Region zurecht und war zu Beginn des 19. Jahrhunderts in Norddeutschland weitverbreitet.

Hinter Schneverdingen steigt das Gelände an. Die Route führt zum Wilseder Berg. Das Herzstück der Heide wurde 1921 zum ersten Naturschutzgebiet in Deutschland erklärt. Vor uns liegt eine von der Saaleeiszeit modellierte Urlandschaft, über die sich violette Heideteppiche und romantische Kiefernwälder gelegt haben. Ab der Mitte des 19. Jahrhunderts inspirierte die Landschaft mit ihren Stimmungen Maler und Schriftsteller.

Durch die bewaldete Nordheide rollen wir ins Elbetal und erreichen schließlich Hamburg. Hafen, Alster und Michel – diese drei Klassiker sind ein Muss bei einem Besuch in der Hansestadt. Doch es gibt noch viel mehr zu entdecken, wie beispielsweise die größte Modelleisenbahn der Welt im Miniatur Wunderland in der Speicherstadt. Weitere Publikumslieblinge sind der Fischmarkt und der Hamburger Seehafen. Dort setzt die abwechslungsreiche Radtour ihren Schlusspunkt.

Gut zu wissen

SCHWIERIGKEIT Leicht

WEGLÄNGE 412 km

CHARAKTER Die zweigeteilte Radroute führt im ersten Abschnitt talwärts. Nur das letzte Drittel der Fahrt verlangt mehr Kondition. Auf wechselndem Untergrund genießt man Radwege und meist ruhige Nebenstraßen.

WEGMARKIERUNG Am Fluss leiten einen die Schilder mit der Aufschrift »Leine-Fernradweg« und weiter nördlich mit »Leine-Heide-Radweg«.

E-BIKE Radverleihe und Servicestätten stehen im Handbuch der Route auf www.leineheideradweg.de. Eine Trittunterstützung benötigt man erst im letzten, hügeligen Teil.

AUSGANGSPUNKT Leinefelde

ENDPUNKT Hansestadt Hamburg

AN- UND ABREISE Der Startort Leinefelde hat einen Bahnhof. Von Hamburg aus kann man per Zug und per Fernbus abreisen.

TOURISTINFO HVE Eichsfeld Touristik e.V., www.leineheideradweg.de; TourismusMarketing Niedersachsen, www.reiseland-niedersachsen.de, www.niedersachsen-radroutenplaner.de; Thüringer Tourismus, www.thueringen-tourismus.de, www.radroutenplaner.thueringen.de; Hamburg Tourismus, www.hamburg-tourism.de

Das Hamburger Rathaus wurde 1897 im Stil der Neorenaissance erbaut.

Ziel erreicht: der Hamburger Hafen

Radwege im Norden

Weitere Touren im Überblick

OSTE-RADWEG UND DEUTSCHE FÄHRSTRASSE

Die Vorteile des Oste-Radweges und der Deutschen Fährstraße liegen auf der Hand: An beiden Routen muss man keine Steigungen bezwingen oder sich mit unangenehmem Verkehrslärm herumärgern. Wer hier unterwegs ist, genießt die Weite des Horizontes und die wechselnden Eindrücke. Mal bezaubert ein See, mal ein Fluss, dann wieder ein Kreuzfahrtschiff. Acht Schwebefähren gibt es weltweit – allein zwei von ihnen zieren diese Tour. Während die Reise längs der Oste als klassischer Flussradweg beginnt, zählt im zweiten Abschnitt nur eines – Schiffeschauen auf dem Nord-Ostsee-Kanal. Wann ein Frachter oder ein Kreuzfahrtschiff naht, verrät eine Shiptracker-App.

AUSGANGSPUNKT
Bahnhof in Tostedt
ENDPUNKT
Bahnhof in Kiel
WEGLÄNGE
305 km

HUNTERADWEG

Auf der Fahrt durch Niedersachsen entdeckt man einladende Landschaften und sehenswerte Städte. Zu Beginn dürfen sich Radler über den Dümmer freuen. Man umrundet den See und steuert der Hunte nach. Auf die Kreisstadt Diepholz folgt der Naturpark Wildeshauser Geest. In dem von der Eiszeit geprägten Boden schlummern über 500 Grabhügel. Mit Schleifen zieht die Hunte durch das Land. Voraus liegt Oldenburg. Die radlerfreundliche Stadt empfängt mit Parks, einem Schloss und der Galerie Alte Meister. Kurz vor der Mündung in die Weser ist die Landschaft völlig flach. Weit geht der Blick über das Grün. Hier und da erspäht man Deiche, Wassergräben und kleine Seen.

AUSGANGSPUNKT
Bahnhof in Lemförde
ENDPUNKT
Bahnhof in Elsfleth
WEGLÄNGE
121 km

ALLER-RADWEG

Soll man Freunden einen Geheimtipp in Norddeutschland nennen, könnte man den Aller-Radweg ins Spiel bringen. Die flache, über 300 Kilometer lange Landschaftsroute verbindet die Elbe im Osten mit der Weser im Westen. Einer der Trümpfe dieser stillen Fahrt sind die Wälder, die Wiesen und romantischen Flusspartien. Sie führen einen von Magdeburg nach Wolfsburg, von Celle nach Verden. Am Magdeburger Dom legt man den Kopf staunend in den Nacken. Die modernen Bauten der Erlebniswelt Autostadt in Wolfsburg muten futuristisch an, die Fachwerkbauten von Celle erinnern an vergangene Tage. Und am Reiseziel steigt man zufrieden aus dem Sattel – herrlich diese weite Landschaft!

AUSGANGSPUNKT
Bahnhof in Eggenstedt
ENDPUNKT
Bahnhof in Verden
WEGLÄNGE
247 km

Der Nordseeküsten-Radweg
führt an vielen Leuchttürmen vorbei.

4

100-Schlösser-Route

Entspannt durch die Parklandschaften

Im Nordwesten Deutschlands zieht sich ein top ausgebautes Radroutennetz durch stille Landkreise. Seine Königin ist die 100-Schlösser-Route. Sie wirft ihre Schleifen in die parkartigen Landschaften des Münsterlandes und steuert viele Prachtbauten an. Vier Rundkurse zum Staunen.

Es macht richtig Spaß, durch das Münsterland zu strampeln. Nach jeder Kurve könnte ein Schloss, eine Wasserburg oder ein Herrensitz stehen. Während Radler in anderen deutschen Städten von guten Wegen nur träumen, genießen sie in Münster ihre Promenade. Diese ist autofrei, 4500 Meter lang und umschließt die komplette Altstadt. In Münster beginnen zwei der Rundschleifen. Nach wenigen Kilometern liegen die letzten Häuser der Großstadt hinter uns. Felder und Wiesen prägen mit kleinen Wäldern das Bild der Landschaft.

Der erste Stopp gilt der Burg Hülshoff. In der Renaissanceanlage erblickte im Jahr 1797 Annette von Droste-Hülshoff das Licht der Welt. Das Museum gewährt Einblicke in die Geschichte des Baues und in das Leben der Dichterin. Die Routenschilder leiten zur Burg Bentheim. Eine Wehrmauer schützt zusammen mit massigen Türmen die größte Höhenburg Nordwestdeutschlands. Die Route senkt sich ins Tal der Ems.

In Rheine lohnt ein längerer Stopp. Hier die sehenswerte Altstadt, dort die Saline Gottesgabe und ein Stück entfernt das Kloster Bentlage. Auf dem Weg zurück nach Münster überschreiten Radler den Teutoburger Wald.

Römer und niederländischer Barock

Die Runde durch das Westmünsterland schlängelt sich auf ruhigen Wegen entlang der niederländischen Grenze und beginnt in Coesfeld. Backsteingebäude umfassen den Marktplatz, dahinter die eindrucksvolle Lambertikirche.

Wir erklimmen mit dem »Coesfelder Berg« die einzig nennenswerte Steigung der Reise und steuern Haltern am See an. Auf dem Boden der heutigen 38 000-Einwohner-Stadt

➲ Die Burg Bentheim ist die größte Höhenburg Nordwestdeutschlands und wurde erstmals 1050 erwähnt.

stand vor 2000 Jahren eines der größten Römerlager jener Zeit. Im LWL-Römermuseum stellt man anhand vieler Fundstücke das Leben der Germanen dem der Römer gegenüber, und es wird die Lebensweise beider Völker dokumentiert.

Zielsicher leiten die Routenschilder mit dem grünen Burgsymbol zum Schloss Lembeck und von dort aus zum Schloss Raesfeld. Ebenfalls imposant gibt sich die Wasserburg Anholt. Die im Stil des niederländischen Barocks erbaute Anlage erstreckt sich über zwei Inseln und kann im Rahmen einer Führung besichtigt werden.

In einem weiten Bogen geht es zur deutsch-niederländischen Grenze. Die Route bleibt beschaulich, sei es am Radeln längs des Flüsschens Bocholter Aa an der Burg Gemen oder an dem efeuumrankten Schloss Velen.

Pferdeland

Vor den Toren von Münster beginnt der Ostkurs und hält gleich die erste Überraschung parat – das Schloss Loburg. Die 100-Schlösser-Route schlängelt sich durch Felder und passiert mit dem Kloster Vinnenberg und der Doppelschlossanlage Harkotten weitere Zeugnisse der westfälischen Baukunst.

Warendorf, der nächste Stopp, ist bekannt für das NRW-Landgestüt. Das beschauliche Emsstädtchen entwickelte sich durch den Leinhandel, die Textilindustrie und vor allem die Pferdezucht zu einem wohlhabenden Marktplatz. In der Altstadt spaziert man zur gotischen Hallenkirche St. Laurentius aus dem 15. Jahrhundert, die wertvolle Kunstgegenstände beinhaltet. Von Warendorf aus geht es zum Wasserschloss Vornholz. In ihm residiert

ein Kavalleriemuseum. Zu sehen gibt es die Ausrüstung der Reiterregimenter aus der Zeit von 1748 bis zum Ersten Weltkrieg. Der Rundkurs wendet sich nach Norden und steuert Beckum an. Drei südlich der Siedlung gelegene Steinkistengräber aus der Jungsteinzeit zeugen von der frühen Besiedlung der Region um die Beckumer Berge. Wir radeln durch die Münsterländer Parklandschaft, folgen der Werse und kommen zurück nach Ostbevern.

Das Wasserschloss Oberwerries zählt zu den kulturhistorisch wertvollsten Gebäuden der Stadt Hamm.

In der Wasserburg Anholt haben die Fürsten zu Salm-Salm eine umfangreiche Gemäldesammlung zusammengetragen.

Die Lambertikirche dominiert den Marktplatz der Kreisstadt Coesfeld.

EmsRadweg

Radler, die der Ems folgen, erleben Norddeutschland von seiner lieblichen Seite. Im Naturschutzgebiet Moosheide sprudeln gleich mehrere Quellen aus dem Untergrund und vereinigen sich zur Ems. Zu den ersten Höhepunkten gehören das Zisterzienserkloster Marienfeld, der Pferdeort Warendorf und die Stadt Greven. Die Ems legt an Breite zu, zieht Rheine und Meppen entgegen. Hier wie dort liegen einladende Zentren an der Strecke, so auch in Papenburg. Anschließend ist es nicht mehr weit nach Emden, wo der Fluss in der Nordsee aufgeht.

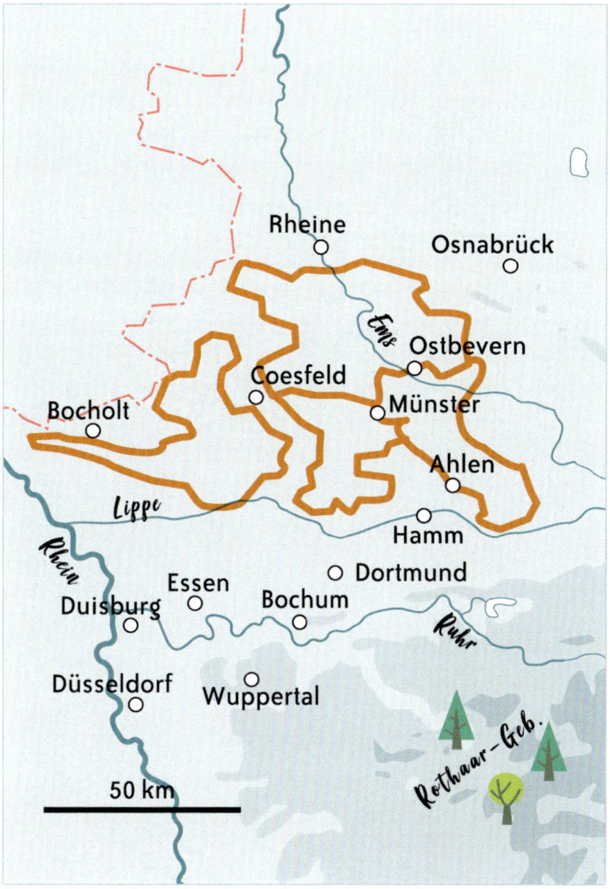

Gut zu wissen

SCHWIERIGKEIT Leicht

WEGLÄNGE N 298 km, W 314 km, O 241 km, S 207 km

CHARAKTER Das meist flache, gelegentlich sanft hügelige Münsterland eignet sich bestens für eine Familientour. Die Wegequalität ist fast überall gut. Nur kurze Teilstücke führen über Kieswege.

WEGMARKIERUNG Als Streckenbezeichnung dient ein grünes Torsymbol mit drei Zinnen.

E-BIKE Im Münsterland gibt es ein dichtes Netz an E-Bike-Vermiet- und Ladestationen. Für Infos die Webseite www.muensterland-tourismus.de besuchen.

AUSGANGSPUNKT Münster, Coesfeld oder Ostbevern

ENDPUNKT Münster, Coesfeld oder Ostbevern

AN- UND ABREISE Die vier Runden beginnen in Münster, Coesfeld oder Ostbevern. Jede dieser Städte erreicht man mit dem Zug. Münster auch mit dem Fernbus.

TOURISTINFO Münsterland e.V., www.100-schloesser-route.de; Tourismus NRW e.V., www.nrw-tourismus.de, www.radroutenplaner.nrw.de

Das »Westfälische Versailles«

Der Schlossgarten von Münster markiert den Anfang des Südkurses. Auf dem ersten Abschnitt überschneidet sich die südliche Runde mit dem Ostkurs und führt nach Wolbeck. Das beherrschende Bauwerk ist der herrschaftliche Drostenhof, der sich in drei miteinander verbundene Gebäude untergliedert. Der Radweg zieht sich vorbei an Pferdekoppeln, Feldern und Waldstücken. Dann steht man vor dem erhabensten Bauwerk des Münsterlandes – dem Schloss Nordkirchen. An diesem Flecken Erde ließ sich der kunstliebende Fürstbischof Friedrich Christian von Münster einen Prunkbau im französisch-klassizistischen Stil erbauen. Das »Westfälische Versailles« streckt sich auf einer Insel aus, die in eine Seen- und Parklandschaft eingebettet ist. Die 100-Schlösser-Route nimmt uns mit nach Lüdinghausen. Die schönste Veste am Platz ist die durch Gräften, Wehrmauern und Zugbrücken geschützte Burg Vischering. Wer heute die »Ringmantelburg« erstürmt, findet im Inneren das Münsterlandmuseum und ein Kulturzentrum. Die letzten Kilometer sind geprägt von zwei Anstiegen. Nachdem die Hügel bezwungen sind, rollen wir entspannt zurück nach Münster und genießen das eindrucksvolle Ende einer königlichen Radtour durch das Münsterland.

Der Bergfried der Burg Gemen geht auf das Jahr 1280 zurück.

Schloss Velen wurde bereits im Jahr 1240 als Märchenschloss bezeichnet und ist heute ein Hotel.

5

Rhein-Radweg

Zeitreise mit dem Fahrrad

Kein anderer Fluss hat Deutschlands Entwicklung so geprägt wie der Rhein. Unterwegs öffnen Radler jeden Tag bunte Seiten eines Geschichtsbuches. Neben den Städten verzücken an beiden Ufern die flachen Wege. Mal führen sie durch Auwälder, mal direkt am Strom entlang. Burgen wechseln sich mit Schlössern, Weinberge mit Wäldern ab.

Wer in Konstanz auf den Rhein-Radweg schwenkt, kann schon einmal nervös werden. Das Teilstück durch Deutschland saugt auf 950 Kilometern die Energie aus den Beinen. Täglich stundenlang im Sattel, gut zwei Wochen lang. Puh! Doch dieser Radweg ist einer, den jeder schafft. Die Tour einfach in appetitliche Häppchen schneiden. Der Rhein entspringt in der Schweiz, in den Bergen Graubündens. Er strömt gen Norden zum Bodensee. Als Startort auf dem deutschen Abschnitt des Rhein-Radweges bietet sich das am Abfluss des Obersees gelegene Konstanz an. Nach einem Bummel durch die Altstadt folgen wir zunächst dem Ufer des Untersees. Westlich der Kantonshauptstadt Schaffhausen kündigt sich der Rheinfall mit lautem Getöse an. Er bringt es auf eine Breite von 150 Metern, eine Höhe von 23 Metern und eine durchschnittliche Abflussmenge im Sommer von 600 000 Litern pro Sekunde. Die EuroVelo-Route 2 steuert über Bad Säckingen, Rheinfelden und Basel längs der Ausläufer des Schwarzwaldes.

Genussradeln in der Rheinebene

Im Rheinknie biegt der Fluss vor den Bergen des Schweizer Juras nach Norden ab und bildet die deutsch-französische Grenze. Hinter dem Markgräflerland führt die Fahrt malerisch am Mittelgebirge Kaiserstuhl entlang. Der Rhein nimmt uns mit nach Karlsruhe, das seinen Namen dem Stadtgründer Markgraf Karl Wilhelm von Baden-Durlach verdankt, der 1715 seine Residenz hierher verlegte. Im Zentrum der fächerförmig angelegten Stadt erstrahlt das klassizistische Residenzschloss, von dem 32 Straßen in alle Himmelsrichtungen führen. Auf dem Abschnitt durch die Pfalz sorgen Altrheinarme für liebliche Bilder.

Speyer bietet sich als nächster Etappenort an. Seit über 900 Jahren ziert der Dom das Stadtbild. Das von den salischen Kaisern als Grablege erbaute Baudenkmal beherbergt eine der schönsten und größten Krypten der Welt. Man radelt angenehm durch die breite Rheinebene und blickt im Wes-

Der Dom St. Peter zu Worms wurde im 12. Jahrhundert erbaut und ist der kleinste der drei rheinischen Kaiserdome.

Xanten
Ruhr
Duisburg
Bochum
Düsseldorf
Rothaar-Geb.
Kassel
Harz
Göttingen
Köln
Siegen
Marburg
Bonn
Rhein
Lahn
Vogelsberg
Eifel
Koblenz
Wiesbaden
Main
Mainz
Hunsrück
Odenwald
Würzburg
Mannheim
Pfälzer Wald
Neckar
Heilbronn
Karlsruhe
Baden-Baden
Stuttgart
Schwäbische Alb
Ulm
Schwarzwald
Donau
Freiburg
Singen
Kempten (Allgäu)
Lörrach
Konstanz
100 km

ten auf den Pfälzer Wald und im Osten auf den Odenwald. Worms und Mainz bilden die nächsten Stationen. In der Fastnachtsstadt befindet sich gegenüber dem romanischen Dom das Gutenbergmuseum mit der berühmten 42-zeiligen Gutenberg-Bibel. Der um 1400 in Mainz geborene Johannes Gutenberg revolutionierte die Gesellschaft durch die Erfindung des Buchdruckes mit beweglichen Lettern in Europa und zählt zu den prägendsten Persönlichkeiten des zweiten Jahrtausends.

Romantik im Oberen Mittelrheintal

Das malerischste Teilstück des Rhein-Radweges beginnt in Bingen. Voraus liegen 67 Kilometer im Bilderrausch:

Der flache Rhein-Radweg ist ideal zum Radwandern. Jeden Tag kommt man durch sehenswerte Städte.

In der Pfalz hat sich der Rhein auf eine ordentliche Breite vergrößert und bietet Flussschiffen eine gute Fahrrinne.

Zwischen Mainz und Koblenz zeigt sich der Rhein von seiner romantischen Seite und strömt an vielen Burgen vorüber.

Kleinstädte, Burgen, Schlösser, Felsvorsprünge, Weinberge und mittendrin der Fluss. Hier zieht der Strom mit eleganten Schleifen durch das Rheinische Schiefergebirge. Rasch füllen sich die Fotospeicherkarten.

Den Anfang macht die Burg Klopp, gefolgt vom Binger Mäuseturm. Voraus die Binger Pforte. Ständig sitzt ein Wehrbau über den Weinbergen. Lohnende Stopps gibt es viele. Rüdesheim ist für Romantiker Pflicht. Sei es bei einem Gang durch die Drosselgasse oder einer Seilbahnfahrt zum Niederwalddenkmal. Hinter dem Loreleyfelsen nimmt der Rhein erst die Lahn auf, dann die Mosel. Koblenz ist erreicht.

Hier endet das unter dem Schutz der UNESCO stehende Obere Mittelrheintal. Am Ostufer wacht die Festung Ehrenbreitstein. Gegenüber sitzt Kaiser Wilhelm I. auf seinem Sockel. Am Deutschen Eck beginnt ein neuer Flussabschnitt. Die Mittelgebirge treten zurück, die Landschaft wird weiter. Radler rollen in die alte Bundeshauptstadt Bonn. Bei einer Sightseeingtour sollte man die Villa Hammerschmidt, das Beethoven-Haus und das alte Rathaus am historischen Bonner Marktplatz ansteuern.

KD Köln-Düsseldorfer
RheinEnergie
RheinEnergie

Rhein-Route Nr. 2

Einer der schönsten Abschnitte des Rheins fließt durch die Schweiz. Radler klettern hier in Andermatt auf den Sattel und haben zu Beginn den 2044 Meter hohen Oberalppass vor sich. Wer ihn bequem erreichen möchte, fährt mit dem berühmten Glacier Express hinauf. Die Abfahrt führt durch die Surselva, wo man noch heute Rätoromanisch spricht. Besuchen Sie auf dem nächsten Teilstück die Ferienregion Heidiland, unternehmen Sie einen Abstecher nach Liechtenstein und picknicken Sie am Ufer des Bodensees. Die Berge bleiben zurück, voraus donnert der Rheinfall bei Schaffhausen durch sein felsiges Bett. Am Ende der Tour wartet mit Basel ein letzter Höhepunkt.

Spannend bis zum Schluss

Auf dem letzten Abschnitt fließt der Strom frei von natürlichen Hindernissen durch das Niederrheinische Tiefland. Der doppeltürmige Dom weist den Weg ins Zentrum von Köln. In einem goldenen Schrein beherbergt er seit dem 12. Jahrhundert als Reliquien die Gebeine der Heiligen Drei Könige. Jahrhundertelang arbeitete man an der hochgotischen Kathedrale. Der Dom zählt zu den bedeutendsten Bauten der Christenheit und ist Teil des Welterbes der UNESCO. Radler wechseln auf die linke Seite des Niederrheins und genießen den weiten Blick über das flache Land.

Xanten bildet die letzte Station. Die Geschichte der Stadt begann vor etwa 2000 Jahren, als sich die Römer in Niedergermanien ansiedelten. An die 10 000 Männer, Frauen und Kinder lebten in der imposanten Provinzstadt, die Kaiser Trajan um 100 n. Chr. zur Colonia Ulpia Traiana ernannte. Im LVR-Archäologischen Park Xanten wird die römische Stadt durch Ausgrabungen und Rekonstruktionen für die Öffentlichkeit zugänglich und verständlich gemacht. Im dortigen neuen LVR-Römer-Museum werden zahlreiche interessante Funde der archäologischen Ausgrabungen gezeigt.

Von hier aus ist es nicht mehr weit zur niederländischen Grenze, die das letzte Teilstück des Rhein-Radweges einläutet.

Das Schloss Arenfels sitzt in den Weinbergen über Bad Hönningen.

Der Kölner Dom gehört seit 1996 zum UNESCO-Weltkulturerbe und ist die meistbesuchte Sehenswürdigkeit Deutschlands.

Gut zu wissen

SCHWIERIGKEIT Leicht

WEGLÄNGE 954 km

CHARAKTER Die Strecke ist familienfreundlich und steigungsfrei. Unterwegs radelt man auf Wald-, Neben- und Deichwegen mit wechselnden Bodenbelägen.

WEGMARKIERUNG Radler orientieren sich an verschiedenen Kennzeichnungen mit dem Namenszusatz »Rhein«.

E-BIKE Infos zum E-Biken sowie zu Verleih- und Ladestationen erhält man auf www.tourismus-bw.de.

AUSGANGSPUNKT Konstanz

ENDPUNKT Grenzübergang Millingen

AN- UND ABREISE Bahnstrecken begleiten den Rhein an beiden Ufern. So kann man gut anreisen und Abschnitte abkürzen.

TOURISTINFO www.rheinradweg.eu;
Tourismus Marketing GmbH Baden-Württemberg, www.tourismus-bw.de;
Rheinland-Pfalz Tourismus GmbH, www.rlp-info.de;
HA Hessen Agentur GmbH, www.hessen-tourismus.de;
Tourismus NRW e. V., www.nrw-tourismus.de

6

RuhrtalRadweg

Ein grünes Wunder

Wer dem Fluss Ruhr folgt, freut sich über die gut ausgebaute Route und die langen Passagen durch die Natur. Das Beste: Immer wieder bieten sich rechts und links lohnende Abstecher an, in pulsierende Städte und zu Industriedinosauriern. Die vielen Radwege führen einen hin.

Mit dem Fahrrad durch das Ruhrgebiet? Ja, das klappt gut, denn der Fluss sorgt abschnittsweise für ein grünes Wunder. Die Ruhr beginnt ihre Reise in Winterberg. Der Ferienort breitet sich zwischen Hügeln und Tannen zu Füßen des 842 Meter hohen Berges Kahler Asten aus. Hier durchzieht die Elbe-Weser-Wasserscheide das quellenreiche Rothaargebirge. Die von Fachwerkhäusern eingerahmte Fußgängerzone bleibt zurück. Radler erklimmen eine kurze Steigung und rollen auf einem breiten Forstweg zur Ruhrquelle.

Nach dem Fotostopp orientiert sich der geschotterte Radweg an dem von Bergwiesen gesäumten Wasserlauf und passiert ein Waldinfozentrum. Tannenbäume, geschwungene Hügel: Alles sieht aus, wie einem Märchen der Brüder Grimm entstiegen. Der Bach hüpft wie ein Kind voller Energie zwischen den Steinen hindurch. Jagt zu Tal. Die Ruhr wird breiter, langsamer, gönnt sich schließlich bei Olsberg eine erste Verschnaufpause, wo sie in einem Stausee aufgeht. Fachwerkdörfer kommen und gehen.

Kohle an der Ruhr

Dann grüßt die Ruhr Meschede und Oeventrop, legt ihren Arm um Arnsberg. Die Stadt nennt sich gerne das historische Eingangstor in das »Land der 1000 Berge«. In der gut erhaltenen Altstadt drängen sich schwarz-weiße Häuser aneinander. Unweit der Kirche gibt das Sauerland-Museum Wissenswertes zur Region preis. Allmählich flachen die Hügel ab. Für uns bedeutet dies mehr strampeln, schließlich sind die meisten Höhenmeter aufgebraucht. Das Sauerland geht ins Ruhrgebiet über.

In Fröndenberg stoppen Radler vor dem Kettenschmiedemuseum. Die 1999 eröffnete Ausstellung präsentiert Spezialmaschinen aus den 1920er- bis 1950er-Jahren. Als im 18. Jahrhundert die Industrialisierung von England her-

➲ Die Zeche Zollverein ist Teil des UNESCO-Welterbes und lässt sich über einen Abstecher erreichen.

Zollverein

überschwappte, begann man beiderseits der Ruhr mit der Ausbeutung der ergiebigen Kohleflöze. Bis zum Anfang des Ersten Weltkrieges standen 440 000 Kumpel in Lohn und Brot. Sie förderten 114 Millionen Tonnen Steinkohle zutage. Zwischen den Städten, den Autobahnen und Bahntrassen blitzt immer wieder die Ruhr hervor. Oft trägt sie einen grünen Schleier. Und ja, manchmal kann die Jugendliche nicht anders. Dann legt ihre Strömung plötzlich zu, als möchte sie es allen zeigen, den Paddlern, den Kanadagänsen und den Radlern. Man lässt sich anstecken und saust über den Radweg.

Schwerte empfängt seine Gäste mit einem Fachwerkensemble, der historischen Senfmühle und einer ehemaligen Rohrmeisterei. Das im Alten Rathaus untergebrachte Ruhrtalmuseum befasst sich mit der Ortsgeschichte und der Geologie.

Die Ruhr eine Sklavin

Auch auf den nächsten ebenen Kilometern, die malerisch am Ufer des lang gestreckten Hengsteysees verlaufen, bekommen Radler nicht viel von den Großstadtlandschaften des Ruhrgebietes mit.

Die Route unterquert bei Herdecke das Ruhrviadukt der rheinischen Eisenbahn, läuft um den aufgestauten Harkortsee herum und trifft westlich von Bommern auf das nächste Relikt der Industriegeschichte – die Zeche Nachtigall.

Das touristisch erschlossene Besucherbergwerk zeigt die unmenschlichen Arbeitsbedingungen der Bergleute, die hier in den niedrigen Gängen unter Tage das »schwarze Gold« förderten. Einst war die Ruhr eine Sklavin, musste

schuften. Sie trug auf ihrem Wasser die Kohleschiffe und wusch die Abwasserbrühe der Industrie davon. Dann kam die Bahn, der Fluss atmete auf. Ein weiterer Höhepunkt der Kulturhauptstadt RUHR.2010 befindet sich wenige Kilometer stromabwärts in Hattingen.

Wir stehen vor der traditionsreichen Henrichshütte, die 1854 ihren Betrieb aufnahm. Zu ihrer Glanzzeit schufteten

Radrevier.ruhr

Die Ruhr ist die Leitlinie durch das Ruhrgebiet. Da sich viele Sehenswürdigkeiten im Hinterland des Flusses befinden, bieten sich Abstecher an, um keine der Attraktionen zu verpassen. Das Radrevier.ruhr umfasst 15 Themenrouten und wurde vom ADFC als RadReiseRegion zertifiziert. Die Strecken sind als Knotenpunktnetz angelegt. Die gut ausgebauten 1200 Radtourenkilometer führen fernab vom lärmenden Straßenverkehr über stillgelegte Bahntrassen, an Kanälen entlang und zu Industriedenkmälern, die an den Bergbau früherer Zeiten erinnern.

In der Hattinger Altstadt dominieren mittelalterliche Fachwerkfassaden das Ortsbild.

Die Henrichshütte ist einer der Höhepunkte am RuhrtalRadweg. Heute kann man den Stahldinosaurier besichtigen.

Am Unterlauf der Ruhr gibt es lange Passagen durch die Natur.

über 10 000 Menschen auf diesem riesigen Industrieareal und produzierten Koks, Eisen und veredelten Stahl. Kernstück des LWL-Industriemuseums ist der verbliebene Hochofen Nr. 3, der 1987 ausgeblasen wurde und eine Höhe von 55 Metern aufweist.

Rothenburg des Ruhrgebietes

Hattingen bezaubert mit einer charmanten Altstadt, die ihr den Namen »Rothenburg des Ruhrgebietes« einbrachte. Bis zum Zweiten Weltkrieg sahen viele Orte in der Gegend so aus. Zurück an der Ruhr geht es am zugewucherten Südufer des Baldeneysees entlang. Wasservögel paddeln zwischen den Seerosen umher.

Der Fluss an unserer Seite ist erwachsen geworden, schiffbar und voller Kraft. Er wirft seine letzten Schleifen. Eine bei Kupferdreh, eine bei Kettwig und eine finale bei Oberhausen. Oder windet er sich vor dem, was gleich kommt? Denn der Duisburger Hafen rückt ins Bild. Wir folgen dem Dammradweg bis an sein Ende.

Vor der Skulptur Rheinorange vermählt sich die Ruhr mit dem Strom. Der Rhein hat sie alle mitgenommen: die Aare, die Lahn, die Mosel. Nun teilt die Ruhr ihr Schicksal. Zusammen ziehen sie der Nordsee entgegen. Die Reise endet. Auf dem Tacho stehen 232 Kilometer; 232 Kilometer gespickt mit Höhepunkten.

Geschafft! An der Skulptur Rheinorange mündet die Ruhr in den Strom.

Gut zu wissen

SCHWIERIGKEIT Leicht

WEGLÄNGE 232 km

CHARAKTER Dank des nahezu steigungsfreien Geländes und vieler Abschnitte auf Radwegen ist der RuhrtalRadweg familienfreundlich.

WEGMARKIERUNG Die Route ist mit einem vierfarbigen Radschild mit der Aufschrift »RuhrtalRadweg« gekennzeichnet.

E-BIKE Entlang des RuhrtalRadweges gibt es viele E-Bike-Ladestationen, Infos auf www.ruhrtalradweg.de.

AUSGANGSPUNKT Winterberg

ENDPUNKT Duisburg

AN- UND ABREISE Winterberg, Duisburg und viele Städte an der Radroute haben einen Bahnhof. Duisburg und die großen Zentren im Ruhrgebiet sind Ziel von Fernbussen.

TOURISTINFO Ruhr Tourismus, www.ruhr-tourismus.de, www.ruhrtalradweg.de; Nordrhein-Westfalen-Tourismus, www.nrw-tourismus.de und www.radroutenplaner.nrw.de

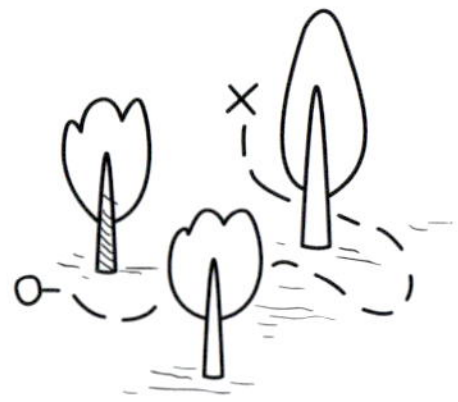

Radwege im Norden

Weitere Touren im Überblick

FISCHLAND-DARSS-ZINGST-RUNDWEG

Wind, Wellen, Weite – mehr braucht es nicht, um den Kopf freizublasen. Die Halbinsel Fischland-Darß-Zingst ist wie geschaffen zum Radfahren. Sieht die Steilküste von Ahrenshoop nicht aus, wie eine abgebrochene Tafel Schokolade? Könnten die knorrigen Kiefern des Darßwaldes nicht in einem Fantasyfilm als Kulisse dienen? Und die Bodden, eine Kette von Lagunen, gleicht doch einer Wasser-Serengeti. Radler genießen die Fahrt an der Ostsee genauso wie die durch den Nationalpark Vorpommersche Boddenlandschaft. Die Halbinsel bietet reichlich Auslauf und Bilder wie auf der Kinoleinwand. 45 Kilometer Breitformatpanorama verbunden durch einen tollen Radrundweg.

AUSGANGSPUNKT
Bahnhof in Ribnitz-Damgarten
ENDPUNKT
Bahnhof in Ribnitz-Damgarten
WEGLÄNGE
200 km

ALTE SALZSTRASSE

Eine Reise auf der Alten Salzstraße verzaubert: Denn egal, welchen Abschnitt man befährt, die flachen Wege an Kanälen und Seen begeistern. Radler steuern in die Transportrichtung des Salzes. Das erste Mal staunt man über die Altstadt von Lüneburg. Hier wurde das »Weiße Gold« abgebaut. Im Südteil der Strecke überraschen Lauenburg und Mölln, im Finale Lübeck und Travemünde. Besonders die Königin der Hanse bietet reizvolle Fotomotive und Einblick in die Geschichte. Die UNESCO erklärte die gesamte Altstadtinsel von Lübeck zum Welterbe. Besucher bummeln durch das Holstentor und staunen über die Fassade von St. Marien, die »Mutterkirche der Backsteingotik«.

AUSGANGSPUNKT
Bahnhof in Lüneburg
ENDPUNKT
Bahnhof in Travemünde
WEGLÄNGE
116 km

ALTMARKRUNDKURS

Wenn man auf dem Elbe-Radweg von Havelberg nach Wittenberge rollt und im Landkreis Stendal über das flache Land im Süden schaut, fragt man sich, was es dort wohl zu sehen gibt. Der Altmarkrundkurs lüftet dieses Geheimnis. Er erschließt für Radler den Norden von Sachsen-Anhalt. Die Gegend ist so dünn besiedelt, dass man seine Unterkünfte besser vorab bucht. Idealerweise in den historischen Hansestädten übernachten. Acht liegen an der Route: Stendal, Tangermünde, Salzwedel, Werben, Seehausen, Osterburg, Havelberg und Gardelegen – alle laden zu ausgiebigen Spaziergängen ein. Auf dem Land bilden in den Dörfern die Feldsteinkirchen weitere Fotomotive.

AUSGANGSPUNKT
Bahnhof in Salzwedel
ENDPUNKT
Bahnhof in Salzwedel
WEGLÄNGE
500 km

Die Nordsee fasziniert Radler
mit ihren weiten Panoramen.

7

Ostseeküsten-Radweg

Ich will Meer!

Auch nach Tagen hat sich das Auge nicht sattgesehen. Dieses Meer! Weite Strände, Buchten und Inseln. Die Ostsee ist für Urlauber eine der verlockendsten Landschaften Europas. Radler können einem der schönsten Radwege Deutschlands gen Osten folgen. Der Rückenwind schiebt an und die alten Hansestädte verzaubern.

Jeder ist ihnen verfallen – Orte, an denen es nicht mehr weitergeht. Orte, an denen sich Land und See vereinen, Strände sich um eine Bucht schwingen und ringsum nur noch Wasser kommt. Die Ostsee ist voll solcher Orte. Wer der EuroVelo-Route 10 folgt, legt knapp 8000 Kilometer zurück und durchquert neun Länder. Das deutsche Teilstück beginnt in Flensburg. Als Drehscheibe von Skandinavien nach Mitteleuropa erlangte die Seefahrer- und Hafenstadt früh eine Vorrangstellung. Mit den bunten Patrizierhäusern, den Kaufmannshöfen und der hoch aufragenden Kirche St. Jürgen versprüht die Stadt maritimes Flair.

Die Meeresluft in der Nase geht es die Flensburger Förde entlang. Dort lädt das strahlend weiße Wasserschloss von Glücksburg zu einem Besuch ein. Radler passieren Gutshöfe und fahren durch romantische Fischerorte, in denen Museen vom Leben am Meer erzählen. Kiel gibt sich mit seinem Hafen weltoffen. Die Ozeanriesen kommen vom offenen Meer und durch die Schleusen des Nord-Ostsee-Kanals – der am meisten befahrenen künstlichen Wasserstraße der Welt.

Wismar, Warnemünde und Weite

Die Reise setzt sich an der Kieler Förde fort. Unterwegs Dörfer mit reetgedeckten Katen, Mühlen und reizvoll gelegenen Badestränden. Anschließend umrunden Urlauber die Lübecker Bucht und bewundern in Travemünde den Viermaster »Passat«, der 1911 vom Stapel lief. Einst durchkreuzten acht nahezu baugleiche Viermastbarken die Weltmeere. Der Radweg erreicht Mecklenburg-Vorpommern. In der Wismarer Bucht würzen tolle Panoramen die Radtour. Freudig über den Klützer Winkel strampeln. Rein

➲ Die Seebäder versüßen Radlern auf dem Ostseeküsten-Radweg die Urlaubstage.

RANDKÖRBE
RETBOOTE

meinsam in die Welterbeliste der UNESCO aufgenommen. Östlich von Heiligendamm taucht man in den Gespensterwald Nienhagen ein, der bis an das Seebad Warnemünde reicht. In dem Küstenort kann man in einem der vielen Strandkörbe die Füße hochlegen. Die windtaugliche Sitzeinrichtung wurde 1882 in Rostock erfunden. Auf dem nächsten Teilstück verwöhnt die Halbinsel Fischland-Darß-Zingst mit wechselnden Eindrücken. Sie riegelt auf 45 Kilometern den Saaler Bodden gegen die Mecklenburger Bucht ab. Reisende erwarten Fischerdörfer mit reetgedeckten Häusern, darunter die Künstlerkolonie Ahrenshoop.

Auf nach Rügen!

Der östliche Teil ist als Nationalpark Vorpommersche Boddenlandschaft geschützt. Vor allem im Herbst, wenn Zehntausende Kraniche einfliegen, packt dieser Flecken Erde. Ihre Rufe klingen nach Sehnsucht. Einmal auf Fischland-Darß-Zingst den Fuß in den Sand gesetzt, möchte man in den Gesang einstimmen.

In Stralsund beeindrucken andere Bilder. Roter Backstein und blaues Meer sind die Schlagworte der zweiten Stadt im UNESCO-Bunde. Stralsund bietet sowohl historisches als auch modernes, wie das im Juli 2008 eröffnete OZEANEUM.

in ein Dorf, raus aufs grüne Land. Felder, Wäldchen, freies Gelände – ständig neue Eindrücke. Der Radweg schmiegt sich ans Meer. Leicht erhöht bummelt man voran. Herrlich diese Weite! Die Weite füllt sich nach Stunden mit Schiffen, Kirchtürmen und Bürgerhäusern. In Wismar konserviert der Backstein die Epoche der Hanse. Staunend holpert man über das ausgetretene Pflaster der Altstadt. 2002 wurden die historischen Zentren von Wismar und Stralsund ge-

Die Nikolaikirche im Zentrum der Hansestadt Anklam ist einer der wenigen erhaltenen Zeugen der Backsteingotik aus der 750 Jahre zurückliegenden Gründungszeit der Stadt.

Reethäuser in Prerow an der Ostsee

Der Hafen hat Wismar in der Hansezeit groß gemacht.

KAISERPAVILLON

Stettiner Haff-Rundweg

Die Ostsee zu umrunden ist eine Aufgabe für mehrere Urlaube. Um das komplette Stettiner Haff zu beradeln, genügt eine Woche. Im Seebad Ahlbeck muss man sich vom Strand und der Seebrücke lösen. Lenker nach Westen drehen und über die Insel Usedom steuern. Die Zecheriner Brücke führt auf das Festland. Schön ist es im Tal der Peene, in der Altstadt von Anklam am Stettiner Haff sowieso. In einem sanften Auf und Ab geht es in die Stadt Szczecin (Stettin) und in den Nationalpark Wollin. Von hier aus ist es nur eine Fährfahrt zurück nach Deutschland.

2010 verlieh man dem Schauhaus den Titel »Europas Museum des Jahres«. Lust auf einen Inselausflug? Dann über den Rügendamm zu Deutschlands größter Insel.

Rügen beeindruckt. Im Norden das Kap Arkona mit seinem Hochuferweg. In der Inselmitte die seichte Boddenküste. Und im Osten breiten sich Deutschlands vielleicht schönste drei Quadratkilometer aus: der vor 30 Jahren ausgerufene Nationalpark Jasmund. Am Königsstuhl stehen die Buchen wie Klippenspringer beieinander. Die bis zu 118 Meter hohe Felswand sieht wie ein abgebrochenes Stück Kreide aus. Wind und Wetter malen die Kulisse. Wer nach Süden steuert, erreicht die Seebäder von Binz, Sellin und Göhren mit eleganter Bäderarchitektur, Seebrücken und Stränden.

Zugabe des Ostseeküsten-Radweges

Zurück auf dem Festland erfreuen sich Radler an Feldern, durch die sich Alleen ziehen. In Wolgast setzt der Radweg über die blaue Peenebrücke und führt auf die Insel Usedom. Einen Höhepunkt bilden die drei Kaiserbäder Bansin, Heringsdorf und Ahlbeck. Sie verbindet eine 8,5 Kilometer lange, von Villen aus der Gründerzeit gesäumte Strandpromenade. Im Angesicht der Seebrücke von Ahlbeck mit ihrem roten Dach, den vier grünen Türmen und dem 280 Meter langen Landungssteg heißt es Abschied nehmen. Die letzten Tage waren von herrlichen Meeresblicken und Hansebauten geprägt. Wer noch nicht genug Seeluft geschnuppert hat, der radelt weiter ins polnische Swinemünde (Świnoujście). Denn dort beginnt der zweite Abschnitt auf dem Ostseeküsten-Radweg.

Gut zu wissen

SCHWIERIGKEIT Leicht

WEGLÄNGE 1023 km

CHARAKTER Der nahezu ebene Küstenweg ist für jedes Leistungsniveau und jede Altersklasse geeignet. Die vorhandenen Radwege sind asphaltiert, geschottert oder gepflastert.

WEGMARKIERUNG Das mehrfarbige Routenschild trägt die Überschrift »OSTSEE Küsten-Radweg«. Darunter sind das Meer, ein Strand sowie ein Hügel zu sehen.

E-BIKE Für die flache Tour braucht man kein E-Bike. Wichtiger ist es, dass man mit dem meist vorherrschenden Westwind gen Osten radelt.

AUSGANGSPUNKT Flensburg

ENDPUNKT Ahlbeck

AN- UND ABREISE Flensburg und Ahlbeck haben einen eigenen Bahnhof. Auch die größeren Tourismusorte an der Küste erreicht man per Zug.

TOURISTINFO Tourismusverband Mecklenburg-Vorpommern e. V., www.auf-nach-mv.de; Ostsee-Holstein-Tourismus e.V., www.ostsee-schleswig-holstein.de; Tourismus-Agentur Schleswig-Holstein GmbH, www.sh-tourismus.de und www.sh-radroutenplaner.de

Die Kreidefelsen der Insel Rügen im Nationalpark Jasmund

Am Kap Arkona stehen der Neue Leuchtturm und der Schinkelturm.

Pause in einem Strandkorb vor der Seebrücke im Seebad Sellin auf Rügen

8

Radweg Hamburg-Rügen

Jede Etappe ein Erlebnis!

Lust auf eine mehrtägige Fahrt mit viel Natur? Wie wäre es mit einer Reise von Hamburg nach Rügen? Es ist eine, die verzückt. Unterwegs wandelt sich die Landschaft mehrmals. Die Fahrt führt durch ruhige Gegenden. Und täglich lernen Radler andere Altstädte kennen: Hamburg, Lauenburg, Ratzeburg, Schwerin, Güstrow und Stralsund.

Wer in Hamburg wohnt, hat es gut getroffen, denn es ist nicht weit bis zur Nordsee und der Ostsee. Wen es gen Osten zieht, der darf sich neben dem Rückenwind auf eine der schönsten Inseln im Lande freuen. Im Herzen der Metropole stimmt die Alster auf die stille Landpartie nach Rügen ein. Am besten sollte man einen Tag oder mehrere Tage zusätzlich einplanen: um die Stadt, den Hafen, das Speicherviertel und die Museen anzuschauen.

Die Elbe malt die Kulisse für den ersten Abschnitt. Wir radeln auf ruhigen Wegen durch weit einzusehende Felder, zwischen denen Dörfer mit roten Backsteinbauten das ländliche Bild unterstreichen.

Geesthacht ist die erste Stadt auf Schleswig-Holsteiner Boden. Im Ortsteil Krümmel gründete der schwedische Chemiker Alfred Nobel 1865 eine Glycerinfabrik und erfand dort das Dynamit. Der Lauf der Elbe führt in die 800 Jahre alte Schifferstadt Lauenburg. Wie alle großen Ortschaften der Gegend lebt man hier seit jeher vom Fluss. Den einstigen Haupterwerbszweig des Elbstädtchens mit seinen reizvollen Fachwerkhäusern dokumentiert das Elbschifffahrtsmuseum.

Die Alte Salzstraße

Anschließend führt der erste Richtungsschwenk gen Norden. Auf dem Radweg Alte Salzstraße geht es längs des Elbe-Lübeck-Kanals nach Mölln. Die Stadt ist eine, die schnell das Herz erwärmt, wird sie doch von sieben Seen umschlossen. Der Kneippkurort ist heute vor allem wegen des Narrens Till Eulenspiegel bekannt, der hier seinen Lebensabend verbrachte.

➲ Lauenburg zieht sich am Nordufer der Elbe malerisch eine Anhöhe hinauf.

Rosine
Desire

Rügen Rundweg

Deutschlands größte Insel lässt sich auf einer abwechslungsreichen Tour umrunden. Jeder ist ihnen verfallen – Orte, an denen es nicht mehr weitergeht. Orte, an denen Felsklippen dramatisch abbrechen, Strände sich um eine Bucht winden und der Blick ringsum nur noch auf Wasser trifft. Rügen ist voll von solchen Orten. Im Norden das Kap Arkona auf der Halbinsel Wittow mit seinem Hochuferweg. In der Inselmitte die seichte Boddenküste. Und im Osten breiten sich Deutschlands vielleicht schönste drei Quadratkilometer aus: der Nationalpark Jasmund.

Nördlich von Mölln schließt sich eine Waldpassage durch den Naturpark Lauenburgische Seen an. Sie führt nach Ratzeburg. In dem komplett von Gewässern eingefassten Stadtkern befinden sich neben dem romanischen Backsteindom (1154 bis 1220) das Herrenhaus der Herzöge und das alte Rathaus am Markt.

Die Route läuft leicht wellig durch das dünn besiedelte Mecklenburg-Vorpommern und nähert sich Schwerin. Prägend für die Landeshauptstadt und ihr heutiges Aussehen waren die Herzöge von Mecklenburg, die die Grafschaft Schwerin im Jahr 1358 erwarben und die Stadt zur Residenz machten. Beherrschendes Bauwerk ist das auf einer Insel im Schweriner See gelegene Schloss. Einen Anziehungspunkt bildet das Schlossmuseum mit den prunkvollen Repräsentationsräumen, den Gemälden, dem Kunsthandwerk und der Porzellansammlung. Staunend radelt man am Ufer des Schweriner Sees entlang.

Die Fahrt setzt sich mit Wiesen, Feldern und Dörfern fort und führt in den Naturpark Sternberger Seenland. Wälder und Seen prägen zusammen mit dem Durchbruchstal der Warnow das Schutzgebiet.

Mecklenburgische Schweiz

Güstrow ist die nächste Station. Die Anfang des 13. Jahrhunderts gegründete Stadt gilt als eine der schönsten von ganz Mecklenburg. Am Alten Markt imponieren neben den Bürgerhäusern das Rathaus und die Pfarrkirche St. Marien. Markantestes Bauwerk von Güstrow ist der Dom, in dem man das Werk »Der Schwebende«, eine Bronzeplastik von Ernst Barlach bestaunen kann. Wir durchqueren den Naturpark Mecklenburgische Schweiz und Kummerower See. Von den Hügeln schweift der Blick weit über das von der Eiszeit modellierte Land.

Durch die Dreiflüssestadt Demmin geht es Stralsund entgegen. Ordnet man Deutschlands Städte nach ihrer landschaftlichen Lage in einer Bestenliste, dann spielt Stralsund ganz vorne mit. Geschützt von den Inseln Rügen und Hiddensee stemmt die Altstadt ihre Backsteintürme in den Ostseewind. Ringsum Wasser, ringsum Weite. Die strategisch günstige Lage erkannte bereits die Hanse im Mittelalter und richtete eines ihrer Handelsdrehkreuze

Der Ratzeburger Dom bewahrt im Inneren das älteste Chorgestühl Norddeutschlands.

Höhepunkt der Barlachstadt Güstrow ist das pompöse Renaissanceschloss.

ein. Bloß nicht gleich ans Meer marschieren! Im Zentrum ist das Rathaus mit seiner hohen Schaufassade ein echter Blickfang. 2002 adelte es die UNESCO zusammen mit den anderen Prachtbauten und denen in Wismar mit dem Titel Weltkulturerbe.

Inselglück

Vorbei am Dreimastsegler »Gorch Fock I« und dem sehenswerten OZEANEUM fahren Radler über den Rügendamm zur flächengrößten Insel Deutschlands. Im Zickzack geht es durch Felder und Dörfer. Hinter der Stadt Bergen auf Rügen ist es nicht mehr weit zum Reiseziel, der Hafenstadt Sassnitz. Im Norden erstreckt sich der Nationalpark Jasmund die vielleicht schönsten drei Quadratkilometer des Landes. Von der Eiszeit geformt und von Winterstürmen modelliert ziehen die bis zu 118 Meter hohen Kreidefelsen jeden Betrachter in den Bann. Klippenspringern gleich stehen die Bäume am Abgrund und locken in den Wald. Er steht seit dem 25. Juni 2011 auf der UNESCO-Welterbeliste. Mit dem Rad oder zu Fuß kann man stundenlang durch den Nationalpark streifen. Immer wieder den Kopf in den Nacken legen und in die Kronen schauen. Sie fassen ineinander, fast so, als würden sich die Buchen umarmen. Als Radler möchte man ganz Rügen umarmen.

Das Stralsunder Rathaus imponiert durch seinen reich dekorierten Schaugiebel.

Die Landwirtschaft prägt Teile des Norddeutschen Tieflandes, wie hier an der Alten Salzstraße.

Am Kap Arkona im Norden der Insel Rügen führt ein Radweg entlang.

Gut zu wissen

SCHWIERIGKEIT Mittel

WEGLÄNGE 517 km

CHARAKTER Das leicht wellige Höhenprofil macht den Radweg für weniger trainierte Tourenradler interessant. Die ruhige Route beinhaltet einige unbefestigte Abschnitte.

WEGMARKIERUNG Der Radweg ist durch die Aufschrift »Hamburg-Rügen Radweg« gekennzeichnet, über der ein Leuchtturm abgebildet ist.

E-BIKE Da die Tour einige Hügel beinhaltet, bietet sich eine Fahrt mit Trittunterstützung an. Infos auf www.auf-nach-mv.de.

AUSGANGSPUNKT Hansestadt Hamburg

ENDPUNKT Sassnitz

AN- UND ABREISE Die Endpunkte Hamburg und Sassnitz haben Bahn- und Fernbusanschluss.

TOURISTINFO Tourismusverband Mecklenburg-Vorpommern e. V., www.auf-nach-mv.de; Hamburg Tourismus GmbH, www.hamburg-tourism.de ; Tourismuszentrale Rügen GmbH, www.ruegen.de

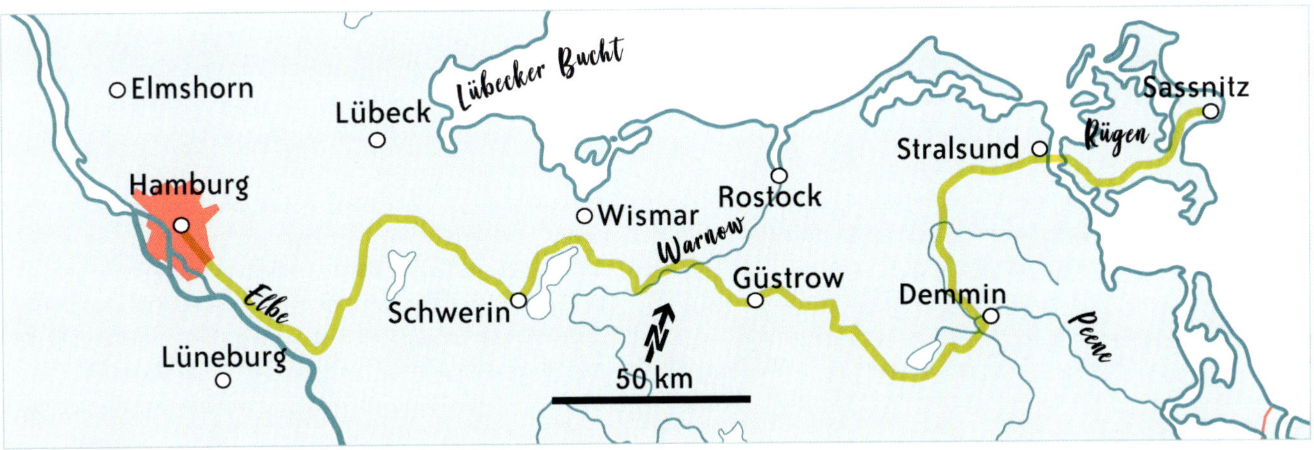

9

Elberadweg

Genussradeln vom Feinsten

Die Elbe zieht sich mit sanften Schwüngen durch den Nordosten Deutschlands. Radler steuern hinterher und staunen. Sie staunen über das Elbsandsteingebirge und Dresden. Sie genießen das Dessau-Wörlitzer Gartenreich und mehrere Biosphärenreservate. Auf Magdeburg folgen Lauenburg, Hamburg und Cuxhaven – alle eine Reise wert.

Beliebte Radwege sind Fluch und Segen zugleich. So ist es mit dem längs der Elbe. Seit Jahren heimst er bei der ADFC-Radreiseanalyse Platz eins oder zwei ein. Da kann es im Sommer schon mal voll werden. Wer im Frühjahr oder im Herbst aufbricht, profitiert von den Vorzügen des Dauerbrenners und hat die Wege fast für sich.

Aber was fasziniert Radler eigentlich so sehr an dieser Route? Sind sie begeistert von den Städten Dresden, Magdeburg und Hamburg? Oder von den wechselnden Panoramen? Staunend rollt man in die wilde Kulisse des Elbsandsteingebirges. Hier lieferte der Fluss als Landschaftsgestalter sein Meisterstück ab. Der Anblick ist betörend: hier schroffe Berge aus Sandstein, da tiefe Schluchten, dort ein üppiger Mischwald. Bewahrt wird alles in den Nationalparks Böhmische Schweiz und Sächsische Schweiz. Hinter Pirna werden die Waldberge von sanften Hügeln abgelöst. Der Weg läuft dem nächsten Höhepunkt entgegen – Dresden.

Die Schätze Sachsens

Radler steuern den Zwinger, die Semperoper und die Hofkirche an. Sie staunen über den 102 Meter langen Fürstenzug und schießen Fotos von der 2005 wiedererrichteten Frauenkirche. Die Augustusbrücke führt zum Nordufer. Dort hält man inne, genießt das Panorama auf die Passagierschiffe, Türme und Prachtbauten. Wir rollen entspannt dem Verlauf des malerischen Elbtals mit seinen durch Weinreben kultivierten Hängen nach. Von Weitem ist Meißen mit dem reich ausgestatteten Dom und der Albrechtsburg ein Blickfang. Hier stehen Betrachter vor dem ersten Schlossbau im deutschsprachigen Raum und treffen auf die Wiege des Meißener Porzellans. Die Elbe schlängelt sich gemächlich gen Norden. Sie passiert die sehenswerten Städte Riesa, Torgau und Wittenberg. Die Lutherstadt bildet den Auftakt zu drei Welterbestätten. Unter dem Schutz der UNESCO stehen das Lutherhaus, die Stadt- und die Schlosskirche sowie das Melanchthonhaus. Der Flussradweg

Blick bei Sonnenuntergang von der Aussichtsplattform der Bastei auf die Elbe.

schwenkt ins Hinterland und steuert mit dem Dessau-Wörlitzer Gartenreich die zweite Welterbestätte an. Zwischen 1765 und 1800 gestaltete Fürst Leopold III. Friedrich Franz von Anhalt-Dessau den ersten noch erhaltenen Englischen Garten auf dem europäischen Festland. Radler fahren hinter dem Biosphärenreservat Mittelelbe in die Stadt Dessau ein. Architekturliebhaber dürfen sich zwei Perlen nicht entgehen lassen: die Meisterhäuser und das nach Plänen von Walter Gropius errichtete Bauhaus, das ebenfalls zum UNESCO-Welterbe zählt.

Kleinstädte und weite Landschaften

Auf der Fahrt durch das ländliche Sachsen-Anhalt radelt man Magdeburg entgegen. Die Hauptstadt des Bundeslandes blickt auf eine über 1200-jährige Geschichte zurück. Historische Gebäude gibt es viele: Das Kloster Unser Lieben Frauen etwa oder der Magdeburger Dom.

Weiter geht es Kurs Nord. Der Strom wirft seine Schleifen in Felder und Auwiesen. Dazwischen die Hansestädte

Tangermünde und Havelberg. Hier wie dort empfängt eine sehenswerte Altstadt. Ab Schnackenburg bildete der Fluss die innerdeutsche Grenze. Im Schatten der Trennlinie entwickelte sich ein kostbarer Naturraum, der heute zum Biosphärenreservat Flusslandschaft Elbe gehört. Das auf fünf Bundesländer verteilte Ökosystem umfasst eine Fläche von 3430 Quadratkilometern. Die Weichholzauwälder sind Biberland. Auch Fischotter und etwa 200 Brutvogelarten

Am Ufer der Elbe zeigt sich Dresden von seiner schönsten Seite.

Wilhelmshaven
Cuxhaven
Oldenburg
Bremerhaven
Kiel
Delmenhorst
Bremen
Osnabrück
Hamburg
Lübeck
Weser
Ostsee
Soltau
Bielefeld
Lüneburg
Wismar
Schwerin
Rostock
Hannover
Wolfsburg
Salzwedel
Wittenberge
Waren
Göttingen
Goslar
Harz
Magdeburg
Brandenburg an der Havel
Havel
Erfurt
Saale
Elbe
Halle
Dessau
Berlin
Treuenbrietzen
Jena
Leipzig
Oder
Gera
Torgau
Mulde
Frankfurt an der Oder
Spree
Chemnitz
Cottbus
Erzgebirge
Dresden
N
50 km
Bad Schandau

STADT WEHLEN

Elbe, Eger und Moldau

Die Elbe entspringt im Riesengebirge. In Tschechien nennt man den Fluss Labe. Während seiner Reise durch Böhmen nimmt er die Flüsse Moldau und Eger auf. Allen dreien kann man mit dem Fahrrad nachsteuern. Die Touren führen durch stille Mittelgebirgslandschaften. Der Oheradweg (Eger) beginnt in Bayern und erreicht die Elbe nach rund 300 Kilometern bei der Stadt Leitmeritz. Spannend ist zudem eine Fahrt auf dem MoldauRadweg. Unterwegs lernt man den Nationalpark Šumava und Perlen wie Krumau, Budweis und Prag kennen. Bis zum Elberadweg hat man 420 Kilometer zurückgelegt (www.czechtourism.com).

fühlen sich zwischen den Kleingewässern und Röhrichten wohl. Hitzacker und Bleckede sind die nächsten Stationen auf dem Weg zum Etappenort Lauenburg. Am Schleswig-Holsteiner Elbufer ziehen bunte Fachwerk-Schifferhäuser aus dem 16. und 17. Jahrhundert die Blicke auf sich und erinnern an die Zeit, in der sich Lauenburg zu einem wichtigen Handelspunkt entwickelte. Der Radweg durchläuft ausgedehntes Marschland und steuert Hamburg an.

Durchs Alte Land zur Nordsee

Im Hafen schlägt das Herz der Elbmetropole. Der Umschlagplatz wurde vor mehr als 800 Jahren gegründet und wird jährlich von rund 9000 Seeschiffen angelaufen. Besucher zieht es in die Speicherstadt. Sie bereichert das Hamburgbild von Fischmarkt, Rathaus, Reeperbahn und Alster. Der weltweit größte auf Eichenpfählen errichtete Lagerhauskomplex spiegelt die wilhelminische Backsteingotik der Gründerzeit wider.

Der Hamburger Hafen ist keine Stunde entfernt, da erinnert nichts mehr an die zweitgrößte Stadt Deutschlands. Wo soeben Docks das Bild prägten, reiht sich nun eine Apfelplantage an die nächste. Das Alte Land ist erreicht. Einst mäanderte der Strom breit durch die flache Gegend und hinterließ eine Sumpflandschaft. Im Reisefinale öffnet sich der Mündungstrichter der Elbe zur Nordsee. Eindrucksvoll und weit. Die Weite füllt sich beim Näherkommen mit Schiffen. Hier am Wattenmeer setzt der Radweg den würdigen Endpunkt. Die Genießerroute wird auch in den kommenden Jahren ihren Spitzenplatz behaupten. Ein wahrer Klassiker!

Gut zu wissen

SCHWIERIGKEIT Leicht

WEGLÄNGE 782 km

CHARAKTER Der Elberadweg ist überwiegend steigungsfrei und für Radeinsteiger gut geeignet.

WEGMARKIERUNG Die Beschilderung erfolgt durch ein blau-weißes Wegschild mit der Aufschrift »e – Elbe – Elberadweg«.

E-BIKE Auf der Webseite www.elberadweg.de kann man sich das Elberadweg-Handbuch bestellen oder herunterladen. Darin sind einige Fahrradservicepunkte aufgelistet.

AUSGANGSPUNKT Bad Schandau

ENDPUNKT Cuxhaven

AN- UND ABREISE Der Bahnhof von Bad Schandau dient als Startort, die Haltestelle Cuxhaven als Ziel.

TOURISTINFO www.elberadweg.de mit Elberadweg App;
Koordinierungsstelle Elberadweg Süd: Tourismusverband Sächsische Schweiz e.V.,
Koordinierungsstelle Elberadweg Mitte: Magdeburger Tourismusverband Elbe-Börde-Heide e.V.,
Koordinierungsstelle Elberadweg Nord: Herzogtum Lauenburg Marketing und Service GmbH

Lauenburg lädt mit seinen alten Hausfassaden zu einem Spaziergang ein.

Die Prachtbauten im sächsischen Elbtal kann man bequem von einem Schaufelraddampfer aus genießen.

Radwege im Norden

Weitere Touren im Überblick

VECHTETALROUTE

Zwei Länder, eine Route: Kunstwegen – wer wird da nicht neugierig? Es gibt viele Gründe, um an die Vechte zu reisen: wegen der 80 Skulpturen, die sich beiderseits des Flusses verteilen. Oder weil ihm ein Radweg folgt, der gut ausgebaut ist. Er beginnt im Münsterland mit seinen prächtigen Bauten. Ein Stopp am Wasserschloss Darfeld, einer an der Burg Bentheim und der nächste an der Mineraltherme. Die Themenroute soll Radler für die Kunst begeistern und Kunstfreunde in die Natur locken. In den Niederlanden zieht sich der Radweg durch Hardenberg, Ommen und Zwolle. Jede der Städte glänzt mit Kunstinstallationen, zu denen sich Kirchenbauten gesellen.

AUSGANGSPUNKT
Bahnhof in Coesfeld
ENDPUNKT
Bahnhof in Zwolle
WEGLÄNGE
233 km

BERLIN–KOPENHAGEN

Einer der schönsten Momente der Fahrt ist es, wenn Berlin am Rand ausfranst und die Vorstädte zurückbleiben. Auf die Landpartie stimmen die Naturparks Barnim und Uckermärkische Seen ein. Dahinter der Müritz-Nationalpark. Es geht im Zickzackkurs von Brandenburg nach Mecklenburg-Vorpommern. Erst dominieren Felder, dann ploppt im Kopf immer wieder ein Gedanke auf – ab an die Ostsee! Per Fähre geht es auf die dänische Insel Falster. Mit der Meeresluft in der Nase genießt man das Inselhüpfen via Bogø und Møn nach Seeland. In Kopenhagen reiben sich Radler die Augen: überall markierte Radspuren, abgestimmte Ampeln, Haltegriffe, Radparkhäuser.

AUSGANGSPUNKT
Bahnhof in Berlin
ENDPUNKT
Bahnhof in Kopenhagen
WEGLÄNGE
700 km

TOUR BRANDENBURG

In Sachen Musik und Bücher gibt es schon lange Best-of-Ausgaben. Unter Brandenburgs Radwegen ist diese Tour die Nummer eins. Steuert sie doch viele Höhepunkte des Bundeslandes an. Kaum einer wird die 1100 Kilometer auf einer Reise radeln. Besser nicht zu viel Strecke vornehmen und die Tour in zwei oder drei Stücke unterteilen. Los geht es in Brandenburg an der Havel, der »Wiege der Mark«. Unterwegs darf man sich auf Havelberg, Wittenberge, Cottbus und viele andere Historienorte freuen. Die Natur hält mit Seen, Wäldern und Flüssen dagegen. Überall schöne Bilder: an der Havel, an der Schwarzen Elster, der Spree, der Oder und der Elbe.

AUSGANGSPUNKT
Bahnhof in Brandenburg an der Havel
ENDPUNKT
Bahnhof in Brandenburg an der Havel
WEGLÄNGE
1100 km

Schiffe- und Schafe-Schauen am Elberadweg

Die Mecklenburgische Seenplatte bietet Radlern
ein vielseitiges Revier für Mehrtagesfahrten.

Mitteldeutschland

Namhafte Flussradwege sind der Schlüssel zu entspannten Fahrten. Fachwerkstätte verzaubern genauso wie die Passagen durch die Wälder. Am intensivsten erlebt man die Landesmitte auf einer der Geschichtsrouten.

10

Mecklenburgischer Seen-Radweg

Seensucht

Es gibt Landschaften, von denen ein magischer Zauber ausgeht. Landschaften, in die man förmlich eintaucht. Die Mecklenburgische Seenplatte ist so ein Flecken Erde. Er bietet Radlern viel Ruhe in der Natur. Seen wechseln mit Flüssen, Wäldern und Feldern. Freuen Sie sich auf Lüneburg, Waren, Neustrelitz und das Reiseziel Usedom!

Wenn ein Radweg in so einer malerischen Stadt wie Lüneburg beginnt, schaltet man sogleich in den Entdeckermodus. Überall ragen prunkvolle Kaufmannshäuser mit Stufengiebeln in den Himmel. In vielen Ecken der Stadt sieht man, dass Lüneburg tüchtig am Salzhandel mitverdiente. Auch bei der Fahrt durch das Wasserviertel. Hier der Alte Kran, dort Fachwerkhäuser und Radler staunend mittendrin. Im Laufe der Zeit stieg die am Fluss Ilmenau gelegene Siedlung zum größten Salzproduzenten im nördlichen Europa empor. Auf der »Alten Salzstraße« gelangte die wertvolle Ware nach Lübeck. Dort profitierte man vom weitverzweigten Seewegenetz der Hanse.

Auch den Mecklenburgischen Seen-Radweg zieht es zur Ostsee. Aber nicht auf dem direkten Weg. Er schlägt immer wieder Haken und steuert Flüsse, Seen und Kleinstädte an. Bleckede ist eine davon. Dort treffen wir auf das UNESCO-Biosphärenreservat Mecklenburgisches Elbetal. Der 1997 eingerichtete Naturpark umfasst weitläufige Überflutungswiesen und große Auwälder. Hier finden Weißstörche, Biber, Kraniche und Wildgänse ideale Lebensbedingungen. Nach 15 entspannten Kilometern kehrt der Radweg dem Fluss den Rücken und läuft von nun an komplett durch Mecklenburg-Vorpommern.

Land der 1000 Seen

Im Hinterland streckt sich die ehemalige Residenzstadt Ludwigslust aus. Besucher können sich auf das 1776 fertiggestellte Residenzschloss der mecklenburgischen Herzöge freuen, im benachbarten Schlosspark umherspazieren oder es sich in einem Café der barocken Schlossstraße gemütlich machen. Östlich von Parchim taucht der Radweg in das Land der 1000 Seen ein.

Die Mecklenburgische Seenplatte empfängt mit dem 38,4 Quadratkilometer großen Plauer See. Plau am See ist ein Ort, in dem man sich gerne mehrere Tage erholt. Sei es

Lüneburg verdankt seinen Reichtum der Monopolstellung als Salzlieferant im norddeutschen Raum.

auf den Liegewiesen, auf einem Boot oder beim Spaziergang durch die Gassen mit ihren Ackerbürgerhäusern. Die Landschaft wellt sich zu niedrigen Hügeln. Wir folgen den orange-blauen Schildern durch Felder und Wiesen.

Bei Kilometer 250 öffnet sich mit der Müritz Deutschlands größter Binnensee. Ringsum gibt es Buchten und immer wieder verlockende Flecken zum Handtuch ausbreiten. Am Nordufer der riesigen Badewanne sonnt sich die Stadt Waren. Theodor Fontane schrieb: »Die Luft ist wundervoll, und je nachdem wie der Wind steht, bin ich auf unserem Balkon von einer feuchten Seebrise oder von der Waldseite her von Tannenluft und -duft umfächelt.« Der Alte Markt, die dreischiffige, kreuzrippengewölbte Backsteinbasilika St. Georg und das stadtgeschichtliche Museum sind hier einige der zahlreichen Sehenswürdigkeiten. Waren bekam 2007 mit dem NaturErlebnisZentrum Müritzeum ein weiteres Highlight hinzu. Es gilt als Deutschlands größtes Aquarium für einheimische Süßwasserfische.

Wasserwildnis

Auf dem nächsten Abschnitt radelt man freudig hinein in den Müritz-Nationalpark. Das Idyll mit seinen Urwäldern, klaren Seen und Mooren geht auf die Weichseleiszeit zurück. Im Laufe der Zeit formten abfließende Schmelzwasserströme und Toteis die heutigen Täler und Seebecken.

Unsere Ziele sind die malerisch gelegenen Orte Rechlin, Mirow, Wersenberg und die Kreisstadt Neustrelitz. In der früheren Residenzstadt zieht es Besucher in den Schlosspark. Dort suchen sie vergeblich nach einem Prachtbau. Das herzogliche Residenzschloss aus dem 18. Jahrhundert brannte 1945 aus und wurde nicht wiedererrichtet. Am

Marktplatz dominieren das klassizistische Rathaus und die gegenüberliegende barocke Stadtkirche das Ortsbild. Dahinter taucht der Radweg in große Waldgebiete ein und steuert Neubrandenburg an. Die »Stadt der vier Tore« breitet sich sternförmig am nördlichen Ende des Tollensesees aus. In den letzten Wochen des Zweiten Weltkrieges gab es hier schwere Zerstörungen. Wiedererrichtet hat man die Marienkirche.

Ein nettes Plätzchen zum Rasten ist auf dem Mecklenburgischen Seen-Radweg immer zu finden.

Die Mecklenburgische Seenplatte verwöhnt mit schönen Naturbildern.

Expedition durch die Seenplatte

Die Mecklenburgische Seenplatte bietet reichlich Auslauf für Hausboote. Die Gefährte lassen sich für eine mehrtägige Expedition mit allerlei Outdoorspielzeug beladen. Die Fahrräder und das SUP-Board kommen auf die Terrasse. Mit den Rädern flitzt man über die Wege des Müritz-Nationalparks. Nachmittags tuckert man wieder auf den See und steuert eine lauschige Bucht an. Motor aus, Anker werfen, Terrasse entern und von der Hängematte aus zuschauen, wie sich der Sonnenball über die Wälder senkt.

Heide, Haff und Hochgefühle

Durch eines der imposanten Backsteintore kehren wir Neubrandenburg den Rücken zu. Die idyllische Strecke durchs ländliche Mecklenburg-Vorpommern leitet in ruhige Dörfer. Hinter der Ueckermünder Heide liegt der gleichnamige Ort. Die Hafenstadt ist bekannt für das Pommersche Schloss. In ihm residiert das Haffmuseum.

Am Stettiner Haff zieht sich der Mecklenburgische Seen-Radweg um das seichte Küstengewässer. Anklam, die Geburtsstadt Otto Lilienthals beherbergt ein Museum, in dem man das Erbe des Luftfahrtpioniers pflegt. Wir fahren über die Zecheriner Klappbrücke und erreichen die Sonneninsel Usedom. Vorbei am Ort Usedom geht es nach Prätenow, das für sein Wisentgehege bekannt ist. Zwischen Kiefern, Eichen und Moorseen nähert sich die Reise der weiten Pommerschen Bucht.

Mit der Seeluft in der Nase schwenken wir an der deutsch-polnischen Grenze nach Westen, suchen uns eines der Kaiserbäder für die Schlussrast aus und strecken am feinen Sandstrand die Füße von uns.

Das Stettiner Haff ist erreicht.

Das Seeheilbad Ahlbeck verfügt über einen feinen Sandstrand und ist bekannt für seine Seebrücke.

Auf dem Damerower Werder werden seit 1958 Wisente gezüchtet.

Gut zu wissen

SCHWIERIGKEIT Mittel

WEGLÄNGE 640 km

CHARAKTER Die leicht wellige Strecke verläuft auf ruhigen Straßen und Wegen. Diese reichen von Sandpassagen über Naturbelag bis zu Asphalt.

WEGMARKIERUNG Die orangefarbenen Schilder zeigen zwei blaue Radfahrer und den blauen Schriftzug »Seen Radweg«.

E-BIKE In dem welligen Terrain spielen Fahrräder mit Trittunterstützung ihre Stärken aus. Infos auf: www.auf-nach-mv.de.

AUSGANGSPUNKT Lüneburg

ENDPUNKT Wolgast

AN- UND ABREISE Der Startort Lüneburg und das Reiseziel Wolgast haben einen Bahnhof.

TOURISTINFO Tourismusverband Mecklenburg-Vorpommern e. V., www.auf-nach-mv.de; Mecklenburgische Kleinseenplatte Touristik GmbH, www.klein-seenplatte.de; Tourismusverband Mecklenburgische Seenplatte e.V., www.mecklenburgische-seenplatte.de

11

Havel-Radweg

Stille Landpartie

Alle lieben Radtouren am Wasser. Der Havel-Radweg würzt den Urlaub mit Seen und weiten Flusslandschaften. Für Abwechslung sorgen die Städte am Weg. Schön ist es in Oranienburg, Potsdam, Brandenburg und Havelberg. Überall könnte man Tage bleiben, baden und durch die Gassen ziehen.

Ach, die Berliner haben es gut. Ringsum liegen mehrere Seenketten. Die Havel zieht durch zwei hindurch und verspricht eine ruhige Radtour. Der 334 Kilometer lange Fluss entspringt im Nordosten des Müritz-Nationalparkes. Eigentlich könnte man sagen: »Ach, ich bleib gleich hier!« Doch auch die Weiterfahrt lohnt sich.

Zu Beginn fällt es schwer, überhaupt Strecke zu machen. Ständig zieht es die Havel zu einem anderen Idyll. Eines der schönsten ist der Große Stechlinsee. Der märkische Schriftsteller Theodor Fontane schwärmte Ende des 19. Jahrhunderts: »Im Norden der Grafschaft Ruppin, hart an der mecklenburgischen Grenze, zieht sich von dem Städtchen Gransee bis nach Rheinsberg hin eine mehrere Meilen lange Seenkette durch eine menschenarme, nur hie und da mit ein paar alten Dörfern, sonst aber ausschließlich mit Förstereien, Glas- und Teeröfen besetzte Waldung.« Der Landstrich hat bis in unsere Tage nichts von dem Zauber verloren.

UNESCO-Welterbe in Potsdam

Radler machen in der Wasserstadt Fürstenberg Station, besuchen das Weihnachtspostamt in Himmelpfort und lassen die Räder durch den Naturpark Uckermärkische Seen rollen. Oranienburg lädt zum nächsten Stopp ein. Ausgerichtet zur Havel spiegelt sich das Wahrzeichen der Stadt im Wasser – das Schloss Oranienburg. Im Museum kann man neben der brandenburgischen Hofkultur des 17. und 18. Jahrhunderts das Kreismuseum kennenlernen. Ab Hennigsdorf trifft die Route auf den Berliner Mauer-Radweg. Er umrundet auf dem Grenzstreifen den Westen der Bundeshauptstadt und bringt es auf eine Länge von 160 Kilometern. Das sanft wellige Mosaik aus Wäldern, Seen, Dörfern und Kleinstädten begleitet die Fahrt bis Potsdam.

Brandenburgs Landeshauptstadt verdankt ihr Ansehen den gepflegten Grünanlagen und Schlössern. Preußens Herrscher verewigten sich mit mehreren Prunkbauten. Das Neue

Die Weinbergterrassen vor dem Schloss Sanssouci sind ein beliebtes Fotomotiv.

Neubrandenburg
Waren
Plau am See
Müritz Nationalpark
Havel
Wittenberge
Gnevsdorf
Oranien-
burg
Havel
Elbe
Rathenow
Berlin
Potsdam
Brandenburg
an der Havel
Treuenbrietzen
50 km

Palais zieht mit einem Theater aus dem 18. Jahrhundert die Blicke an. Davor ragt der Universitätskomplex auf. Touristen schlendern am Chinesischen Haus vorüber, erklimmen die Treppen hinauf zur Orangerie, um anschließend Tickets für das Schloss Sanssouci zu lösen.

Dass Potsdam herrliche Naherholungsgebiete besitzt, zeigen in den kommenden Stunden der Templiner See und der Schwielowsee. Im Havelland ist das Frühjahr ein wahres Fest für die Sinne. Dann legt sich um die Stadt Werder ein Meer aus zarten Blüten. Begonnen hatte die Besiedlung mit den Zisterzienser Mönchen des Klosters Lehnin. Sie pflanzten erste Weinstöcke und kultivierten verschiedene Obstsorten.

In Potsdam gibt es viele Prachtbauten zu bestaunen. Hier die Communs, die einen Teil der Universität Potsdam beherbergen.

Auf dem Havel-Radweg laden viele Seen zum Rasten ein.

Die Stadt Werder (Havel) zieht sich malerisch am Wasser entlang.

Radfahren in und um Berlin

Berlin ist heute eine Weltstadt in der Mitte Europas, die neue »alte Hauptstadt« Deutschlands. Spannende Museen und packende Architektur, wohin man schaut. Kein Wunder, dass durch die 3,6-Millionen-Einwohner-Stadt mehrere Radrouten laufen. Entspannt nähert man sich Berlin an der Seite eines Flusses. Doch welchem von ihnen folgen? Zur Auswahl stehen neben dem Havel-Radweg der Spreeradweg und der wenig bekannte Dahmeradweg. Oder wie wäre es mit Geschichte? Einmal rund um die Stadt strampeln? Dies geht wunderbar auf dem 185 Kilometer langen Berliner Mauerweg. Zudem führen die EuroVelo-Routen Nummer 2 und Nummer 7 durch Berlin. Der Radweg Deutsche Einheit endet hier und der Radweg Berlin–Kopenhagen zieht gen Norden.

Backsteine, Blumen, Brandenburg

Die Silhouette Werders mitsamt dem Turm der Heilig-Geist-Kirche und der Bockwindmühle verschwindet am Horizont. Es ist eine Wonne, durch die weit einzusehende Landschaft zu fahren. Wiesen wechseln sich mit Feldern und kleinen Gewässern ab. In der Stadt Brandenburg an der Havel, betritt man geschichtsträchtigen Boden. Im Zuge der deutschen Ostexpansion eignete sich der Askanier Albrecht der Bär im Jahr 1157 die Macht in der Region an und begründete die Mark Brandenburg. 1165 wird auf einer von der Havel umspülten Insel der Grundstein für den Dombau gesetzt. Mehrere Generationen lang schichteten Arbeiter Backstein für Backstein auf. Im 19. Jahrhundert gab der Architekt Karl Friedrich Schinkel dem Gebäude sein heutiges Aussehen. Besucher fotografieren das Altstädtische Rathaus mitsamt der Rolandstatue und inspizieren das Kloster St. Pauli.

2015 verwandelte sich die Havelregion in ein Paradies für Blumenfreunde. Die Bundesgartenschau fand in fünf Orten statt: Brandenburg, Premnitz, Rathenow, Amt Rhinow/Stölln und Havelberg. Landschaftsgestalter schufen Themengärten und strukturierten Parklandschaften um, die man mit neuen Radwegen verband. Der Fluss diente auf einer Länge von 80 Kilometern als verbindendes Element.

Deutschlands erster Sternenpark

Voraus liegt der Naturpark Westhavelland. Ein Spektakel bietet der Vogelzug im Frühjahr und im Herbst. Das zweite Merkmal der Kulturlandschaft ist, dass die Nächte nur wenig durch Lichtverschmutzung gestört werden, ideal für Himmelsbeobachtungen. 2011 richtete die International Dark Sky Association hier Deutschlands ersten Sternenpark ein.

Stromabwärts bewahrt die Hansestadt Havelberg den Charme vergangener Tage. Architektonisch ist die mittelalterliche Stadt durch die Hansezeit geprägt. Wer über den Stadtgraben spaziert, gelangt auf den Bischofsberg – die Keimzelle des im Jahre 948 erstmals urkundlich erwähnten Bistums Havelberg. Die eindrucksvollste Erscheinung ist der Dom St. Marien. Im Baustil spiegeln sich die Einflüsse aus mehreren Epochen. Im Inneren überraschen kostbare Glasmalereien aus dem 14. und 15. Jahrhundert. Hier heißt es Abschied nehmen von der Havel, denn nach einem kurzen Wegstück ist der Elbstrom erreicht.

Gut zu wissen

SCHWIERIGKEIT Leicht

WEGLÄNGE 386 km

CHARAKTER Viele Kilometer auf Radwegen. Hier und da fährt man auf Nebenstraßen. Der leicht wellige Reiseweg ist fast komplett asphaltiert.

WEGMARKIERUNG Die Strecke ist durch die Aufschrift »Havel-Radweg« gekennzeichnet, hinter dem ein blauer Fluss abgebildet ist.

E-BIKE Radverleihe listet die Seite www.havelland-tourismus.de auf.

AUSGANGSPUNKT Havelquelle

ENDPUNKT Gnevsdorf

AN- UND ABREISE Die erste Bahnhaltestelle in Kratzeburg ist sechs Kilometer von der Havelquelle entfernt. Vom Reiseziel Gnevsdorf aus erreicht man auf dem Elbe-Radweg den nächsten Bahnhof in Wittenberge.

TOURISTINFO Koordinierungsstelle Havel-Radweg ,www.havelradweg.de;
Tourismusverband Mecklenburgische Seenplatte e.V. , www.mecklenburgische-seenplatte.de;
Tourismusverband Mecklenburg-Vorpommern www.auf-nach-mv.de;
Tourismusverband Ruppiner Seenland e.V., www.ruppiner-reiseland.de;
Tourismusverband Havelland, www.havelland-tourismus.de;
Tourismus-Marketing Brandenburg, www.reiseland-brandenburg.de, www.radeln-in-brandenburg.de

Blick auf das Altstädtische Rathaus der Stadt Brandenburg an der Havel mit dem Roland im Vordergrund.

Brandenburg an der Havel gilt als die »Wiege der Mark«.

Der Dom Sankt Peter und Paul zu Brandenburg an der Havel ist die größte Kirche der Stadt.

12

Mulderadweg

Beschauliche Flussfahrt

Auf der Deutschlandkarte schlängeln sich im Osten zwei Linien aus den Bergen des Erzgebirges herab. Dorthin lohnt für Radler ein Blick. Sachsens zweitgrößter Fluss überrascht. Wechselnde Landschaften, gepflegte Traditionen, charmante Altstädte, Burgen, Schlösser, Sehenswürdigkeiten unter und über der Erde.

Wussten Sie, dass es sich entspannt nach Amerika radeln lässt? Einfach dem Fluss Mulde folgen. Westlich des 1215 Meter hohen Fichtelberges sprudelt die Quelle der Zwickauer Mulde aus dem Untergrund.

Wer dem 167 Kilometer langen Wasserlauf nachsteuern möchte, startet im Vogtland. Zusammen mit der Karlsroute nutzt der Mulderadweg die Trasse der einstigen Eisenbahnlinie Chemnitz-Aue-Adorf. Zwei meist bergabführende Stunden auf dem Sattel führen nach Aue-Bad Schlema. Zwischen beiden Ortsteilen fallen mehrere Hügel auf. Es handelt sich um Halden des Uranabbaues. Nachdem der Eisenerzabbau und die Zinngewinnung lange die wirtschaftliche Basis bildeten, gewannen die Bergleute später Uranerz. Abnehmer war die sowjetische Atomindustrie.

Wir radeln der Ferienroute »Silberstraße« nach, passieren Bad Schlema und stoppen in Zwickau. Die Tradition der Fahrzeugherstellung reicht in der Automobilbaustadt bis ins Jahr 1904 zurück. Im April 1991 lief hier der letzte Trabbi vom Band. Der Dom bildet das Herz der Altstadt. Im Inneren kann man einen kostbaren Flügelaltar aus der Werkstatt von Michael Wolgemut bestaunen.

Auf nach Amerika!

Immer an der Mulde entlang geht es gen Norden. Die Orte links und rechts des Flusses heißen Waldenburg, Wolkenburg, Penig, Rochsburg und Wechselburg – alle deuten auf Festungen hin. Dann erreicht die Reise Amerika. Das Dorf liegt im Landkreis Mittelsachsen – am Ostufer der Zwickauer Mulde. Die letzten hügeligen Ausläufer führen nach Rochlitz, eine der ältesten Städte Sachsens. Die

➲ Kurz vor der Flussvereinigung wird die Zwickauer Mulde vom 380 Meter langen Göhrener Viadukt überspannt.

Zwickauer Mulde zieht sich durch Wiesen und Wälder, umfließt das reizvoll gelegene Colditz und vereinigt sich wenig später mit der Freiberger Mulde.

Die zweite Variante beginnt am Fuß des Osterzgebirges und beschert zu Beginn eine berauschende Abfahrt. Wir verlassen das Land der Weihnachtspyramiden, Nussknacker, Räuchermännchen und des Klöppelns und kommen nach Freiberg. Im 12. Jahrhundert verbreitete sich das »Erste Bergkgeschrey« wie ein Lauffeuer durch die Wälder: Es hieß, dass der Berg frei ist; also konnte jeder graben. In Freiberg schlägt das Herz der Montanregion Erzgebirge/Krušnohoří, seit 2019 Teil des UNESCO-Welterbes. Die Ausstellung »terra mineralia« im Schloss Freudenstein ist mit rund 3500 Exponaten eine der größten Mineralienausstellungen der Welt.

Wiesen, Waldstreifen, Rapsfelder und kleine Siedlungen – so geht es an der Freiberger Mulde entlang. Der Weg ist abschüssig, die Beine treten leicht. Nossen liegt malerisch im hügeligen Erzgebirgsvorland. Bewacht wird es vom Schloss Nossen. Besucher können die historischen Räume bei einer Führung kennenlernen.

Flussvereinigung

20 Kilometer flussabwärts vereinnahmt die Stiefelstadt Döbeln einen weiten Talkessel. Hier prägen historische Gebäude, darunter die Kirche St. Nikolai mit ihrem elf Meter hohen Schnitzaltar, das Stadtbild. Die Freiberger Mulde nimmt den Fluss Zschopau auf und zieht mit vereinter Kraft Richtung Nordwesten.

Nach 23 entspannten Kilometern kommt ein weiterer Wasserlauf dazu – die Zwickauer Mulde. Hinter dem Planitzwald erreicht der Strom den Ort Wurzen. Der um 1500 errichtete Dom St. Marien ist einer der beachtenswertesten Sakralbauten Sachsens.

Die Mulde erreicht Bad Düben. Zweimal sammelten sich hier in der Vergangenheit Armeen vor großen Gefechten. 1631 trafen sich Gustav II. Adolf von Schweden und Johann Georg I. von Sachsen auf der Dübener Burg, um gegen die von Tilly geführten kaiserlichen Truppen zu Felde zu ziehen. 1813 befehligte Napoleon Bonaparte von Düben aus den Aufmarsch vor der Völkerschlacht bei Leipzig.

Heute geht es in dem Kurort gesitteter zu. Kurgäste relaxen in der Therme, spazieren durch die Dübener Heide und besichtigen die Schiffsmühle.

Das Schloss Rochlitz sitzt über der Zwickauer Mulde.

Südlich von Grimma zieht die Vereinigte Mulde durch Wiesen und Wälder.

Das große »Bergkgeschrey«

Nachdem Fuhrleute anno 1168 durch Zufall ein Stück Silbererz fanden, verbreitete sich die Nachricht wie ein Lauffeuer. Aus den dichten Wäldern nahe der böhmischen Grenze ertönte das »Bergkgeschrey«, das zahlreiche Leute anlockte. Freiberg wurde die Wiege des sächsischen Bergbaues und wuchs rasch zur größten Stadt in der Markgrafschaft Meißen. Heute spiegelt das Zentrum den Wohlstand vergangener Tage wider. Auf dem Obermarkt steht ein von vier Löwen bewachtes bronzenes Brunnendenkmal. Von oben herab beäugt sie der wettinische Stadtgründer Markgraf Otto der Reiche.

Schloss Wurzen
Restaurant & Hotel

Zwei UNESCO-Welterbestätten

Anschließend heißt es Abschied nehmen von Sachsen. Die Route erreicht bei Bitterfeld Sachsen-Anhalt. Der Ort galt zu DDR-Zeiten als Synonym für Umweltverschmutzung. Riesige Bagger gierten nach der Braunkohle, Chemiebetriebe pusteten die ungefilterte Luft in die Atmosphäre. All das ist in dieser Gegend zum Glück Geschichte. Die Senken des Tagebaues hat man gesichert und geflutet.

Der Radweg folgt dem Ufer des Großen Goitzschesees. Seine Hänge wurden mit Bäumen und Büschen bepflanzt. Am Nordufer stehen einladende Ferienhäuser im skandinavischen Stil, die mit ihrem falunroten Anstrich weithin sichtbar sind.

Der Wurzener Dom prägt mit seinen beiden 42 Meter hohen Türmen markant das Stadtbild und ist 900 Jahre alt.

Gut zu wissen

SCHWIERIGKEIT Mittel

WEGLÄNGE Ab der Zwickauer Mulde 294 km, ab der Freiburger Mulde 241 km

CHARAKTER Zu Beginn beider Radrouten sind zahlreiche Steigungen zu bezwingen. Nach dem Zusammenfluss ist das Terrain eben. Der Radweg weist verschiedene Wegqualitäten auf.

WEGMARKIERUNG Grün-weiße Wegschilder, meist mit einem Burgensymbol

E-BIKE Radverleihe und Servicestationen zeigt die Seite www.mulderadweg.de.

AUSGANGSPUNKT Schöneck (Zwickauer Mulde), Rechenberg-Bienenmühle (Freiberger Mulde)

ENDPUNKT Dessau-Roßlau

AN- UND ABREISE Die beiden Streckenausgangspunkte Schöneck (Zwickauer Mulde), Rechenberg-Bienenmühle (Freiberger Mulde) und der Streckenendpunkt Dessau-Roßlau haben einen Bahnhof.

TOURISTINFO Leipzig Tourismus und Marketing GmbH, www.mulderadweg.de; Marketinggesellschaft des Landes Sachsen-Anhalt, www.sachsen-anhalt-tourismus.de; Sachsen-Tourismus, www.sachsen-tourismus.de

Auf dem finalen Abschnitt gibt die Mulde wieder die Richtung vor und taucht mit ihren Schleifen in schattige Wälder ein.

Dahinter liegt der Stadtrand von Dessau-Roßlau. Hier kann man zwei UNESCO-Welterbestätten besuchen: das Bauhaus und das Dessau-Wörlitzer Gartenreich. Durch Letzteres führt die 70 Kilometer lange Gartenreich-Tour »Fürst-Franz«. Eine lohnende Tagesfahrt zum Abschluss.

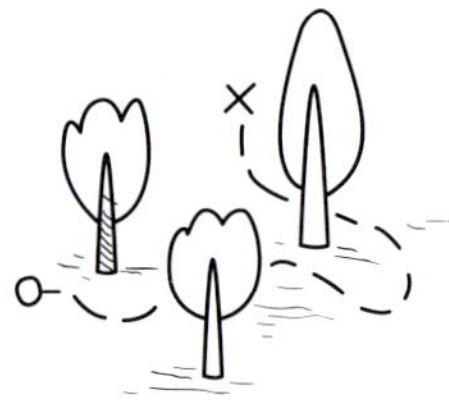

Radwege in der Mitte

Weitere Touren im Überblick

DREI-FLÜSSE-TOUR

Radler beginnen ihre Fahrt am Kölner Dom und bummeln stromabwärts. Die Rheinauen zaubern viel Grün in die Landschaft. Nach 50 Kilometern zieht linker Hand das Flüsschen Erft daher. Der Radweg an seiner Seite ist gut ausgebaut. Perlen des Tales sind die vielen Wasserschlösser. Zwischen Erft und Ahr zwingt eine lange Steigung Radler in die kleinen Gänge. Auch Fluss Nummer drei schlägt einen schnell in den Bann. Zu Beginn nutzt der Ahrradweg die Trasse der ehemaligen Oberen Ahrtalbahn. Die Beine treten wie von alleine. Es rollt. Der Kopf scannt unentwegt das Terrain. Man saust durch Bahntunnel und freut sich weiter unten über die Weinberge.

AUSGANGSPUNKT
Bahnhof in Köln
ENDPUNKT
Bahnhof in Köln
WEGLÄNGE
304 km

RÖMER-LIPPE-ROUTE

Wer diesem Radweg folgt, blättert im Buch der Geschichte bis in die Zeit der römischen Feldzüge zurück. Südwestlich der Stadt Detmold streckt Hermann auf seinem Denkmalssockel sein Schwert drohend in den Himmel. Die Reise hat nichts Bedrohendes. Einzig die Steigungen zu Beginn im Naturpark Teutoburger Wald/Eggegebirge treiben Schweißperlen auf die Stirn. Reisende legen vor dem Dom in Paderborn den Kopf staunend in den Nacken. Ein Stopp am einstigen Römerlager Anreppen, einer in Lippstadt und ein weiterer am LWL Römermuseum in Haltern am See. Schließlich malt das platte Land mit seinen Wiesen die Kulisse für den finalen Abschnitt bis zum Rhein.

AUSGANGSPUNKT
Bahnhof in Detmold
ENDPUNKT
Bahnhof in Xanten
WEGLÄNGE
300 km

SAARLAND-RADWEG

Die Rundtour durch den Westen Deutschlands bietet für jeden Geschmack das Passende. Die Reise beginnt man am besten in der Landeshauptstadt. Saarbrücken versprüht mit seinen großen Plätzen und den Einkaufsstraßen französisches Flair. Radler steuern der Saar stromaufwärts nach und biegen in das Biosphärenreservat Bliesgau ein. Auf die Barockstadt Blieskastel folgt der Naturpark Saar-Hunsrück. Hier hat der Fluss sein Meisterwerk abgeliefert und mit der Saarschleife eines der Naturwunder Deutschlands in das Quarzitgestein gegraben. Ähnlich beeindruckend ist die Völklinger Hütte, das weltweit erste Industrieareal als UNESCO-Weltkulturerbe.

AUSGANGSPUNKT
Bahnhof in Saarbrücken
ENDPUNKT
Bahnhof in Saarbrücken
WEGLÄNGE
350 km

Der Ruhrtalradweg führt bei Winterberg durch die Wälder des Sauerlandes.

13

Spreeradweg

Spreewaldromantik und Großstadtdschungel

Wer an die knapp 400 Kilometer lange Spree denkt, hat sofort Bilder des Spreewaldes mit seinem Labyrinth aus Kanälen im Kopf, durch das Touristenkähne ziehen. Auch das erste Teilstück punktet mit unverbauten Landschaften. Ganz anders gibt sich das Ziel Berlin. Die Metropole ist weltoffen, pulsierend und immer spannend.

Die Spree speisen drei Quellen. Als Startpunkt des rund 400 Kilometer langen Radweges hat man die höchstgelegene Quelle im Kottmarwald gewählt.

Das erste Teilstück führt durch das Lausitzer Bergland. In den Talsenken erstrecken sich Dörfer mit prächtigen Umgebindehäusern. Zu erkennen sind die Gebäude an ihrer baulichen Trennung von Stubenkörper und Dach.

Bald taucht über den Feldern und Wiesen die Silhouette von Bautzen auf. Ihr Bild bestimmt der Dom St. Petri. Die 1000-jährige Stadt ist das politische und kulturelle Zentrum der Sorben in der Oberlausitz. Den schönsten Blick genießt man von der Friedensbrücke: Zwischen den drei Rundbögen zieht die Spree gen Norden. Der Fluss hat ein Steilufer ausgewaschen. Darüber ragen sieben massive Türme in den Himmel. Sie gehören zu Kirchen, zur Ortenburg und zur »Alten Wasserkunst«. Das Wahrzeichen galt im Mittelalter als eine technische Glanzleistung. Besonders ist, dass man Ende des 15. Jahrhunderts das Spreewasser mit einer Kolbenpumpe von diesem Gebäude aus in die Altstadt leitete.

Wasserpyramide als Grablege

Bautzen erlangte in DDR-Tagen schmerzliche Berühmtheit, denn es gab hier zwei große Gefängnisse. Die Haftanstalt Bautzen II mahnt als Gedenkstätte die vergangene Zeit an. Das prächtige Stadtbild wird durch die Talsperre Bautzen abgelöst, die ein beliebtes Naherholungsgebiet der Region ist.

Radler tauchen in die topfebene Oberlausitzer Heide- und Teichlandschaft ein. Das grüne Waldmeer mit seinen unzähligen Seebecken ist als UNESCO-Biosphärenreservat geschützt. In der von Menschen in Jahrhunderten gestalteten Kulturlandschaft finden besonders Glockenheide, Moorveilchen und Sonnentau ideale Wachstumsbedingungen. Vorbei am Braunkohlebergbau Nochten geht es ins

Blick von der Friedensbrücke auf die Stadt Bautzen mit der Alten Wasserkunst und der Michaeliskirche

Waikiki

Zentrum von Spremberg hinein, das bereits auf Brandenburger Terrain liegt. Die Spree spaltet sich südlich der Altstadt in zwei Arme auf und umschlingt den Kern Sprembergs, wo die Kreuzkirche und das Rathaus aufragen. Sechs Radkilometer nördlich bremst die Talsperre Spremberg den Flusslauf. Der große Stausee schirmt das Wasser mit einer 2,2 Kilometer langen Mauer ab und dient zum Schutz des von Hochwasser bedrohten Spreewaldes.

Mitten in der Brandenburger Weite erreichen wir die nächste Großstadt: Cottbus mit dem Branitzer Park. Die Grünanlage ist eine Schöpfung des Gartengestalters Fürst Hermann von Pückler-Muskau, der hier seinen Lebensabend verbrachte und als Grablege die große Wasserpyramide errichten ließ. Vor den Toren der Stadt durchläuft die Radroute Peitzer Teiche, knickt dort gen Westen ab und hält auf den Spreewald zu.

Wasserlabyrinth Spreewald

Die Spree verzweigt sich in Hunderte kleine Seitenarme und Kanäle. Wir sind in der Niederungslandschaft des Spreewaldes. 1990 hat man die Kulturlandschaft als Biosphärenreservat der UNESCO anerkannt. Lübbenau ist die »Heimliche Hauptstadt des Spreewaldes«. Hier lohnt es sich, vom Rad abzusteigen, um die Auen- und Moorlandschaft mit ihren unzähligen Wasserläufen per Kahn zu erkunden.

Zwei Kilometer entfernt ist das unter Denkmalschutz stehende Spreewalddorf Lehde erreicht. Theodor Fontane schrieb über diesen Ort: »Es ist eine Lagunenstadt im Taschenformat, ein Venedig, wie es vor 1500 Jahren gewesen sein mag …« Das Freilandmuseum mit den altsorbischen Bauernhäusern gewährt zusammen mit der Trachtenausstellung, der Kahnbauerei und dem Gurkenmuseum Einblicke in die Lebensweise der Spreewaldbewohner vor über 100 Jahren.

Hinter dem Spreewald bahnt sich der Fluss in sanften Schwüngen seinen Weg durch Au- und Heidewälder nach Fürstenwalde. Die im Seenland Oder-Spree gelegene Stadt

Die Spreemetropole Berlin

Berlin bietet Besuchern eine Vielfalt an Sehenswürdigkeiten:
Brandenburger Tor: Symbol der deutschen Trennung und Wiedervereinigung – **Unter den Linden:** altes Herzstück Berlins – **Berliner Dom:** bedeutendster protestantischer Kirchenbau Deutschlands – **Berliner Fernsehturm:** mit 368 Metern höchstes Bauwerk des Landes – **Nikolaikirche:** liegt im Nikolaiviertel, dem Ursprung Berlins – **Rotes Rathaus:** Sitz des Regierenden Bürgermeisters von Berlin – **Museumsinsel:** seit 1999 UNESCO-Weltkulturerbe – **Gendarmenmarkt:** einer der schönsten Plätze Berlins – **Checkpoint Charlie:** bekanntester Grenzübergang der Mauer – **Topographie des Terrors:** Dokumentationszentrum über die NS-Zeit – **Potsdamer Platz:** pulsierendes Zentrum – **Holocaust-Mahnmal:** Denkmal für die ermordeten Juden Europas – **Tiergarten:** die grüne Lunge der Metropole – **Siegessäule:** herrlicher Panoramablick von der Aussichtsplattform – **Schloss Bellevue:** Amtssitz des Bundespräsidenten – **Reichstag:** mit der gläsernen Kuppel als Besuchermagnet

Prächtige Bürgerhäuser umrahmen den Marktplatz von Cottbus.

Lübbenau wird von Wassergräben durchzogen, die man auf einer Bootstour kennenlernen kann.

Ein Hochwasser der Spree überspült den Radweg.

blickt auf eine 700-jährige Geschichte zurück. Das beachtenswerteste Bauwerk ist der Dom St. Marien, dessen Neuaufbau 1446 begann. Die Spree knickt gen Westen ab und führt uns in das Müggelspree-Löcknitzer Wald- und Seengebiet.

Auf nach Berlin!

Allmählich geht es in den Berliner Speckgürtel hinein. Die Stadtlandschaften nehmen zu, doch die Natur hält mit dem Dämeritzsee und dem Großen Müggelsee dagegen. In Köpenick nimmt die Spree den Fluss Dahme auf. Berühmtheit erlangte Köpenick vor allem wegen seines Rathauses, das im Jahr 1906 Schauplatz eines dreisten Handstreiches war. Damals verkleidete sich der arbeitslose 57-jährige Schuster Friedrich Voigt als Hauptmann, stürmte das jüngst erbaute Rathaus und raubte die Stadtkasse.

Wir rollen durch Parks, überschreiten die von Zwillingstürmen gekrönte Oberbaumbrücke und erreichen hinter der East Side Gallery das Stadtzentrum von Berlin. Die Spree schlängelt sich durch das Regierungsviertel und hält westlich des Großen Tiergartens auf die Havel zu. Wer noch weiterstrampeln möchte, folgt dem Havel-Radweg via Potsdam, Werder, Brandenburg an der Havel und Havelberg bis zur Elbe.

Gut zu wissen

SCHWIERIGKEIT Leicht

WEGLÄNGE 394 km

CHARAKTER Der Spreeradweg ist flach. Die ruhige Route punktet durch gute Fahrwege.

WEGMARKIERUNG Schilder mit den drei Spreequellen sowie dem Routenverlauf vom Lausitzer Bergland nach Berlin.

E-BIKE Informationen zu Verleihstationen über www.radwandern-oberlausitz.de

AUSGANGSPUNKT Kottmarwald

ENDPUNKT Berlin

AN- UND ABREISE Der Bahnhof von Ebersbach befindet sich nahe an der Spreequelle. Am Reiseziel Berlin gibt es gute Bahn- und Fernbusverbindungen in alle Himmelsrichtungen.

TOURISTINFO TMB Tourismus-Marketing Brandenburg, www.reiseland-brandenburg.de; Marketing Gesellschaft Oberlausitz-Niederschlesien, www.radwandernoberlausitz.de; Sachsen-Tourismus, www.sachsen-tourismus.de; Berlin Tourismus & Kongress GmbH, www.visitberlin.de

Die drei monumentalen Bauten Deutscher Dom, Französischer Dom und das Konzerthaus rahmen den Gendarmenmarkt in Berlin ein.

Das Kunstobjekt »Molecule Men« ziert den Fluss Spree.

Am Brandenburger Tor beginnen mehrere Radwege.

14

Oder-Neiße-Radweg

Landschaftskino im Osten

Biber streichen durchs Unterholz, am Himmel gleiten Zugvögel vorüber: Die Grenzflüsse Neiße und Oder bilden für Tiere ein Paradies. Radler, die ruhige Touren schätzen, lieben diese Fahrt. Sie freuen sich auf die Städte Zittau, Görlitz und Frankfurt. Am Reiseziel versinken die Füße im Sand eines der Strände von Usedom.

Der Oder-Neiße-Radweg ist ideal für Fernwehgeplagte. Denn in dieser Route steckt mehr drin als vermutet. Wenn Radler am Ende der Reise auf der Insel Usedom an einem der Strände ihr Handtuch ausbreiten, fällt es ihnen schwer, den Höhepunkt zu bestimmen. Die Lausitzer Neiße startet ihren Lauf im tschechischen Isergebirge. Zittau ist die erste Stadt auf deutschem Boden. Die gesamte Altstadt steht seit 1991 unter Denkmalschutz. Herausragendes Bauwerk ist das von Karl Friedrich Schinkel entworfene und im Stil der italienischen Renaissance errichtete Rathaus. Ringsum fassen Patrizierhäuser den Markt ein.

Vorbei am Kloster St. Marienthal geht es der Europastadt Görlitz/Zgorzelec entgegen. Besucher bummeln durch das historische Zentrum und fühlen sich ein wenig wie ein Hollywoodstar. Nennt man die Stadt doch wegen der vielen hier gedrehten Streifen liebevoll Görliwood. Zu bestaunen gibt es knapp 4000 Baudenkmäler aus 500 Jahren.

UNESCO-Welterbe Muskauer Park

Flussauen und Felder leiten nach Bad Muskau. In der idyllischen Talsenke legte Hermann Fürst von Pückler-Muskau zwischen 1815 und 1845 einen stilvollen Landschaftsgarten an. »Wer mich ganz kennenlernen will, muss meinen Garten kennen, denn mein Garten ist mein Herz.« Diesen Satz prägte der 1785 auf Schloss Muskau geborene Fürst. Der Park Muskau gehört seit dem Jahr 2004 zum UNESCO-Welterbe. Einen Blickfang bildet das neue Schloss. Der rotweiße Prachtbau vereint mehrere Bauelemente und erinnert an eine Schöpfung des Medienkonzerns Disney. 1866 vollendete man das Ensemble unter Wilhelm Friedrich Karl von Oranien-Nassau im Stil der Neorenaissance.

Der Radweg verlässt Sachsen und beginnt seinen Abschnitt durch Brandenburg. Bei Ratzdorf mündet die Neiße in die Oder. Bis hierher hat sie rund 400 Kilometer durch Tschechien und Polen zurückgelegt. Wer den ersten Abschnitt

Pflichtstopp am Oder-Neiße-Radweg –
das Neue Schloss in Bad Muskau

Ahlbeck
Waren
Neubrandenburg
Havel
Schwedt
Oder
Oranien-
burg
Berlin
Potsdam
Frankfurt
an der Oder
Treuenbrietzen
Spree
Cottbus
Bad Muskau
Neiße
Torgau
Leipzig
Elbe
Dresden
Görlitz
Zittau
Mulde
Chemnitz
Erzgebirge
50 km

des Flusslaufes kennenlernen möchte, folgt der polnischen Radroute »Blue Velo«. Der Radweg passiert Eisenhüttenstadt, das im Jahr 1950 als »erste sozialistische Stadt auf deutschem Boden« entstand.

Auf der ländlichen Fahrt grüßt Frankfurt an der Oder bald aus der Ferne. Die Universitätsstadt liegt an einem Oderübergang und wurde um 1226 von fränkischen Kaufleuten gegründet. In den letzten Jahrzehnten rekonstruierte man die Baudenkmäler der norddeutschen Backsteingotik. So erstrahlen das Rathaus und die St. Marienkirche im Glanz vergangener Tage.

In der Gubener Vorstadt der Universitätsstadt Frankfurt findet man den reizvollen Anger sowie die Kirche St. Gertraud.

Görlitz zieht sich am Ufer der Lausitzer Neiße entlang.

Die Lausitzer Neiße ist ein 254 Kilometer langer linker Nebenfluss der Oder.

Geheimtipp im Nordosten

Der Nationalpark Unteres Odertal erstreckt sich auf brandenburgischer Seite zwischen Hohensaaten und Mescherin. In Polen schließen sich zwei Landschaftsschutzparks an, die bis vor die Tore von Stettin (Szczecin) reichen. Die Oder bildet mit ihrer majestätischen Ruhe den Glanzpunkt der Flussauenlandschaft, in der sich seit Jahrhunderten nichts verändert zu haben scheint. 160 Brutvogelarten, 50 Säugetier- und 49 Fischarten fühlen sich in dem nahezu unberührten Naturparadies wohl. Alljährlich kann man im Frühjahr und im Herbst ein optisch und akustisch atemberaubendes Schauspiel beobachten, wenn sich in der Oderniederung über 100 000 Gänse und Enten, dazu 10 000 Kraniche und andere Zugvögel einfinden.

Oderbruch und Nationalpark Unteres Odertal

Auf der Weiterfahrt sehen Radler, wie die Warthe in die Oder mündet. Zusammen prägen sie den Oderbruch. Das Binnendelta ist knapp 60 Kilometer lang und bis zu 20 Kilometer breit. Einst zogen sich Wasserarme durch das zwei bis fünf Meter über dem Meeresspiegel gelegene Tiefland und machten eine Nutzung fast unmöglich. Von 1747 bis 1762 schaufelten Tausende Arbeiter und Soldaten Deiche auf, begradigten den Lauf der Oder und legten so das Land trocken. Entzückt rief Friedrich II. bei einem Besuch im Jahr 1763 aus: »Hier habe ich im Frieden eine Provinz erobert, die mir keinen Soldaten gekostet hat.«

Bald genießt man die Stille des Nationalparkes Unteres Odertal. Am Rande der Schutzzone liegt die Nationalparkstadt Schwedt. Der Markgraf von Brandenburg-Schwedt siedelte hier Hugenotten an. Sie gestalteten den Ort 1685 zu einer barocken Residenz um und schufen in den Straßenzügen ein einheitliches Bild. Die Route lässt den Oderfluss ziehen und läuft durch das dünn besiedelte Mecklenburg-Vorpommern. Die Landschaft vollzieht einen Kulissenwechsel hin zu sanft gewellten Endmoränenhügeln, kleinen Seen und Alleen. Voraus liegt das Anklamer Torfmoor. Der Radweg führt an Wassergräben und zugewucherten Seen vorbei, aus denen Baumskelette ragen. Schwalben jagen auf der Suche nach Nahrung durch die Luft. In der Ferne sieht man eine große Kormorankolonie.

Sonneninsel

Anklam liegt am Unterlauf der Peene und blickt auf eine über 750-jährige Stadtgeschichte zurück. Besondere Anziehungskraft strahlt das Otto-Lilienthal-Museum aus. Die Geburtsstadt des Flugpioniers hat seine Konstruktionen nachgebaut. Neben der Ausstellung »Lebenswege« entführt der Museumsbereich »Flugträume« Besucher in die 4000 Jahre alte Geschichte des Fliegens. Gegenüber dem Peenestrom sehen wir das Reiseziel: die 445 Quadratkilometer große Insel Usedom. Wie Klimatabellen verraten, zählt die Insel mit jährlich rund 1900 Sonnenstunden zu den verwöhntesten Flecken Deutschlands. Kurz vor dem Kaiserbad Ahlbeck treten die Bäume zurück, geben den Blick frei auf Villen und einen blendend weißen Sandstrand. Hier rollen die Wogen der Ostsee aus – Stunde um Stunde, Monat für Monat, seit Jahrtausenden. Bis an die Gestade Schwedens nichts als Wasser, Wellen und Wind. Nach über 630 erlebnisreichen Kilometern endet der Oder-Neiße-Radweg an seiner schönsten Stelle.

Gut zu wissen

SCHWIERIGKEIT Leicht

WEGLÄNGE 631 km

CHARAKTER Die ebene Tour führt meist am Wasser entlang und ist gut ausgebaut. Radler genießen Tag für Tag die Stille in der Natur.

WEGMARKIERUNG Schilder mit einem umgedrehten Dreieck und darauf die Flüsse Neiße und Oder

E-BIKE Eine Trittunterstützung macht wegen der Etappenlängen Sinn, Infos auf www.reiseland-brandenburg.de.

AUSGANGSPUNKT Nová Ves (Tschechien)

ENDPUNKT Ahlbeck

AN- UND ABREISE Radler beginnen die Fahrt am Bahnhof von Jablonec nad Nisou (Tschechien) und fahren mit der Bahn von Ahlbeck aus nach Hause.

TOURISTINFO Tourismus Marketing Gesellschaft Sachsen mbH, www.sachsen-tourismus.de; Tourismus-Marketing Brandenburg, www.reiseland-brandenburg.de; www.radeln-in-brandenburg.de; Tourismusverband Mecklenburg-Vorpommern, www.auf-nach-mv.de

Pause am Stettiner Haff

Das Anklamer Tor in Usedom beherbergt eine Heimatstube, die Einblicke in Stadt- und Inselgeschichte gewährt.

Das weitläufige Naturschutzgebiet Anklamer Stadtbruch ist ein Highlight des Oder-Neiße-Radweges.

15

Moselradweg

Flussschleifen zum Radlerglück

Zu jedem Fluss im Lande fällt einem ein Markenzeichen ein. An der Mosel gibt es gleich zwei. Wirft sie doch ihre Schleifen malerisch in die Hügel von Eifel und Hunsrück. Das andere Aushängeschild ist der Wein. Unterwegs schmeicheln die Reben dem Auge und abends munden die edlen Tropfen.

Auf einer Radtour entlang der Mosel gilt es aufzupassen: Überall gibt es Stationen, die einen vom Strampeln abhalten. Mal eine heimelige Kleinstadt, dann wieder ein Weingut. Die Mosel startet ihren Lauf in den französischen Vogesen, durchströmt die Städte Épinal, Metz und Thionville.

Die Gemeinde Perl markiert den Ausgangspunkt des deutschen Abschnittes. Voraus liegen 250 entspannte Kilometer. Das Tal war einst Teil des Imperium Romanum. In Nennig kann man das mit 160 Quadratmetern größte und besterhaltene römische Mosaik nördlich der Alpen bestaunen. Im Dorf Borg wurde eine Villenanlage rekonstruiert, mitsamt Herrenhaus, Bad und Wirtschaftsgebäude. Beim Schloss Thorn passiert die Mosel die Grenze zwischen dem Saarland und Rheinland-Pfalz. Weinberg folgt auf Weinberg. Mittendrin wirft der Fluss seine Schleifen. Bei Konz vermischen sich die Wasser von Saar und Mosel. Das Tal wird weitläufiger und mit den Überresten einer spätrömischen Kaiservilla beginnt der nächste Zeitsprung ins Imperium Romanum, der zehn Kilometer weiter seinen Höhepunkt findet.

Römerstadt Trier

Nachdem Rom ganz Gallien bis zum Rhein unterworfen hatte, gründeten die Herren vom Tiber 16 v. Chr. das heutige Trier. Sie nannten den aufblühenden Flecken zu Ehren von Kaiser Augustus »Augusta Treverorum«, Stadt des Augustus im Land der Treverer. Im 4. Jahrhundert wuchs die Einwohnerzahl auf annähernd 100 000 Menschen an. Zum Schutz vor den Franken und Alamannen befestigte man den späteren Bischofssitz massiv. Dies bezeugt die wuchtige Porta Nigra. Das Wahrzeichen gehört seit 1986 zum UNESCO-Weltkulturerbe, genauso wie weitere Baudenkmäler des Römischen Reiches: das Amphitheater, die Römerbrücke, die Basilika, die Kaiser- und Barbarathermen und die Igeler Säule.

Das Schloss Berg beherbergt ein Hotel und ein Gourmet-Restaurant.

Auf der Weiterfahrt bestimmen wieder Rebzeilen und Wälder die Landschaft. Die Mosel wirft ab Mehring ausladende Schleifen und durchbricht die Nahtstelle, an der Eifel und Hunsrück aufeinandertreffen. In Bernkastel-Kues schlägt das Herz der Region Mittelmosel. Steinerne Zeitzeugen aus sechs Jahrhunderten reihen sich um das ausgetretene Kopfsteinpflaster des Marktplatzes. Über die Altstadt wachte lange Zeit die Burg Landshut. Sie fiel am 8. Januar 1692 einem Feuer zum Opfer und ist seitdem eine Ruine.

Zwei Moselbiegungen stromabwärts fällt der Blick auf die Jugendstilhäuser von Traben-Trarbach. Verbunden ist die Weinhandelsstadt durch ein reich verziertes Brückentor. Voller Vorfreude radelt man Richtung Osten. Nach einem Kilometer überlegt es sich die Mosel anders und führt nordwärts. Die Schwenks setzen sich den ganzen Tag fort.

Burgen und Weinberge

Radler bummeln den Schleifen hinterher und lassen den Blick über die Weinberge gleiten. Sie gehören zum Ort Zell. Auf einer Anbaufläche von rund 400 Hektar stehen etwa vier Millionen Rebstöcke. Riesling, Müller-Thurgau, Bacchus und Kerner – die weißen Sorten lieben die Hanglagen und Böden aus Schieferverwitterungsgestein. Beeindruckt rollen Radler am Calmont vorüber, dem mit 65 Prozent steilsten Weinberg Europas. Stromabwärts kündet die in exponierter Lage in Pose gesetzte Reichsburg das Tagesziel an – die Stadt Cochem. Besuchermagnet ist der Martinsbrunnen auf dem Marktplatz. Unter den schiefergedeckten Giebelhäusern setzt man sich an einen der Tische und hebt sein Glas auf den Moselradweg. Besser nur eines bestellen, denn morgen geht die Fahrt genauso malerisch weiter. Nachdem die Mosel auf der letzten Etappe so viele

Schleifen geworfen hat, dass es einem fast schwindlig wurde, lässt sie es nun ruhiger angehen. Sie kehrt Cochem den Rücken und fließt Richtung Nordwesten. Was bleibt, sind die idyllischen Bilder. Weinberg folgt auf Weinberg. Dazwischen mischt sich immer öfter der Wald.

Genussfahrt an der Untermosel

Bei Kilometer 17 kerbt sich am Nordufer der Elzbach in die Südflanke der Eifel. Wer aus dem Talgrund hinaufwandert,

Unter den zahlreichen Sehenswürdigkeiten Triers sticht die Porta Nigra hervor.

Der Moselradweg führt auf dem letzten Abschnitt durch das reizende Cochem.

Nahe-Radweg

Nahe. Ein Wort, das bei Weinliebhabern die Sehnsucht weckt. Für Radler geht es vom Saarland hinüber nach Rheinland-Pfalz. Eines der Schatzkästchen am Weg ist Idar-Oberstein. Im Deutschen Edelsteinmuseum erstrahlen mehr als 10 000 Exponate aus aller Welt, effektvoll in Szene gesetzt. Bad Sobernheim lädt zu einem Stopp ins Rheinland-Pfälzische Freilichtmuseum ein. Stromabwärts ragt der Rotenfels markant aus dem Tal, dann geht es durch Bad Münster und Bad Kreuznach. Der Radweg endet in der gemütlichen Altstadt von Bingen.

reibt sich nach 30 Minuten die Augen. Wie von einem Filmregisseur in Szene gesetzt, stechen die Türme der Burg Eltz in den Himmel. Bis Anfang der 1990er-Jahre zierte sie als Symbol der deutschen Ritterlichkeit die Rückseite des 500-DM-Scheines.

Zurück an der Untermosel. Auch dort ist im Talgrund der Platz begrenzt. Alle Orte ziehen sich am Wasser in die Länge. Dahinter steigen die Hänge jäh an. Die Weinbauern pflegen teils kleinst parzellierte, terrassierte Steillagen. Die Anlaufpunkte sind in der Gemeinde Alken die Burg Thurant und in Karden die Stiftskirche St. Castor.

Die Höhenzüge von Eifel und Hunsrück flachen ab. Radler steuern den letzten Moselschleifen nach und halten in Koblenz am Deutschen Eck. Von rechts zieht der Rhein herbei, und am Deutschen Eck vereinen sich beide Flüsse. Die beste Aussicht auf die Stadt genießt man von der Festung Ehrenbreitstein. Einfach mit der Seilbahn zum linken Rheinufer hinüberschweben. Von oben gilt der letzte Blick dem lieblichen Tal der Mosel.

Gut zu wissen

SCHWIERIGKEIT Leicht

WEGLÄNGE 252 km

CHARAKTER Die Route beinhaltet kaum Steigungen und verläuft meist auf eigenständigen Radwegen. So ist der Moselradweg wie geschaffen für Familien und Genussradler.

WEGMARKIERUNG Ein weißes »m« auf grünem Grund zusammen mit einem Fahrrad

E-BIKE Informationen zu Radverleihen sind auf den Webseiten www.mosellandtouristik.de und www.gastlandschaften.de zu finden.

AUSGANGSPUNKT Perl

ENDPUNKT Koblenz

AN- UND ABREISE Fast alle größeren Orte entlang der Mosel besitzen einen Bahnhof, auch der im Dreiländereck gelegene Startort Perl und das Reiseziel Koblenz.

TOURISTINFO Mosellandtouristik, www.mosellandtouristik.de; Tourismus Zentrale Saarland, www.urlaub.saarland.de; Rheinland-Pfalz-Tourismus GmbH, www.gastlandschaften.de, www.tourenplaner-rheinland-pfalz.de und Rheinland-Pfalz-App

Von der Burgruine Grevenburg aus überblickt man die Moselschleife bei Traben-Trarbach.

Der Moselradweg ist gut ausgebaut und folgt immerzu leicht abschüssig dem Fluss.

Städte wie Dörfer ziehen sich am Ufer entlang. Oft werden sie von einer Burg bewacht.

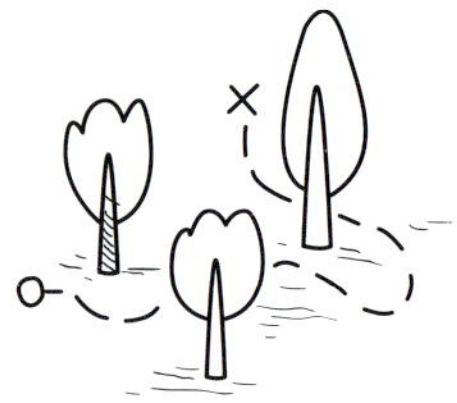

Radwege in der Mitte

Weitere Touren im Überblick

FÜRST-PÜCKLER-WEG

Was die Leute wohl über Hermann von Pückler-Muskau geredet haben? Der Lebemann unternahm im 18. Jahrhundert Reisen in den Orient. Er begann mit dem Umbau zu einem der schönsten Schlösser Deutschlands und ließ sich eine Pyramide als Begräbnisstätte errichten. Heute trägt eine Radrunde den Namen des Fürsten. Das nahezu flache Terrain der Niederlausitz lädt zu einer entspannten Fahrt ein. Hier die Slawenburg Raddusch, dort der Rhododendronpark Kromlau und da das Freilichtmuseum Zeitsprung. Was Pückler wohl über die riesigen Braunkohletagebaue der Lausitz gedacht hätte? Einige hat man geflutet und in Naherholungsgebiete umgewandelt. Also Badesachen einpacken!

AUSGANGSPUNKT
Bahnhof in Cottbus
ENDPUNKT
Bahnhof in Cottbus
WEGLÄNGE
500 km

RADFERNWEG BERLIN–USEDOM

Sie suchen eine Radtour für eine Woche? Mit historischen Orten, ruhigen Landschaften und guten Wegen? Dann nichts wie los von Berlin nach Usedom. Radler steigen am Berliner Dom auf den Sattel und drehen den Lenker Richtung Nordosten. Wo die Metropole endet, empfängt einen der waldreiche Naturpark Barnim. Das Idyll mit seinen Seen leitet zum Biosphärenreservat Schorfheide-Chorin. Einen kulturellen Glanzpunkt setzt das Kloster Chorin, genannt: »Des Landes schönster Schmuck«. Hinter Prenzlau wogen die Felder der Uckermark. Sie laufen am Stettiner Haff aus. Dort setzt die Reise zum Finale an. Krönender Abschluss der Radreise sind die mondänen Seebäder der Insel Usedom.

AUSGANGSPUNKT
Bahnhof in Berlin
ENDPUNKT
Bahnhof in Peenemünde
WEGLÄNGE
336 km

SÄCHSISCHE STÄDTEROUTE

Als wolle sie alle Höhepunkte mitnehmen, führt die Querroute Radler in die verschiedenen Regionen Sachsens. Am Ziel ist man so einige Kilometer geradelt und hat viele Fotos von historischen Städten auf der Kamera: Chemnitz, Freiberg, Meißen, Dresden, Kamenz, Bautzen und Görlitz. Zwischen den Zentren ist die Fahrt ruhig. Es ist auch eine von Fluss zu Fluss. Im Westen wirft die Mulde ihre Schleifen ins Grün, im Osten die Neiße. Zu Beginn begeben sich Reisende auf die Spuren des sächsichen Bergbaues. In der Mitte kostet man mit Elbflorenz die Pracht vergangener Tage aus und zum Schluss die ruhigen Stunden in der Natur. Hügel hinauf, Hügel hinab, durch Felder, Wälder und Dörfer.

AUSGANGSPUNKT
Bahnhof in Crimmitschau
ENDPUNKT
Bahnhof in Görlitz
WEGLÄNGE
343 km

In Deutschlands Mittelgebirgen genießen Radler ruhige Stunden in der Natur. Hier der Harz.

16

Radweg Deutsche Einheit

Von der alten Hauptstadt in die neue

Wie zwei lose Puzzleteile lagen die BRD und die DDR jahrzehntelang nebeneinander. Am 3. Oktober 1990 fügten sich beide zusammen, koloriert in Schwarz-Rot-Gold. Der Radweg Deutsche Einheit schlängelt sich über den roten Balken. Auf der Fahrt von Bonn nach Berlin ebnen Rhein, Lahn, Fulda, Weser, Elbe und Havel Radlern das Terrain.

Es gibt Reisen, die klingen im Kopf selbst Jahre später noch nach. So ist es mit einer Fahrt von Bonn nach Berlin. Die Strecke wurde zum 25. Jahrestag der Wiedervereinigung ins Leben gerufen. Die Planer hätten den kürzesten Weg wählen können, Luftlinie wären das 480 Kilometer. Aber da unsere Geschichte nicht gradlinig verlief und Radler stille Passagen lieben, bringt es diese Route auf knapp 1100 Kilometer. Wer sich zu der Reise durch sieben Bundesländer aufmacht, hat danach einiges zu erzählen. Flüsse, Mittelgebirge, dazu elf UNESCO-Welterbestätten. In Bonn stimmt das Haus der Geschichte auf den Radweg Deutsche Einheit ein. Die Zeitreise führt per AudioGuide von 1945 bis in die Gegenwart. Kalter Krieg, Teilung Deutschlands und Wiedervereinigung sind nur einige der Themen. Radler können vielen davon unterwegs nachspüren. Los geht es rheinaufwärts. Das Siebengebirge und der Westerwald malen die Kulisse für den ersten Abschnitt. In Koblenz wechselt man ans Ostufer und schwenkt ins Tal der Lahn.

Radstätten mit Touchpads und WLAN

Go East – ist das Schlagwort dieser Fahrt. Das Besondere: Entlang der Strecke wurden mehrere Radstätten eingeweiht: mit coolem Design, Touchpads, Lademöglichkeiten für Akkus von E-Bikes und WLAN. Ob es den ganzen Schnickschnack braucht? Oft wünschen sich Radler nur eines, eine ruhig gelegene Bank im Grünen.

Ruhig ist es im Lahntal und beschaulich. Zu beiden Seiten Wälder. Das schmale Tal zwingt die wenigen Orte in die Länge. In Nordrhein-Westfalen Bad Ems, Nassau und Diez – in Hessen Limburg, Weilburg, Wetzlar und Gießen. Hinter Marburg der erste Anstieg. Die Route führt durch das Hessische Bergland. Es senkt sich hinab zum Fluss Fulda. Schleife folgt auf Schleife, Fachwerkort auf Fachwerkort. Den Anfang macht Bad Hersfeld. Der Ort trat mit dem im Jahre 769 gegründeten Benediktinerkloster Hersfeld ins

Weilburg ist ein staatlich anerkannter Luftkurort und eine ehemalige Residenzstadt im mittelhessischen Landkreis Limburg-Weilburg.

Licht der Geschichte. Aus ihm ging die größte romanische Basilika nördlich der Alpen hervor. 1761 fiel die Stiftskirche einer Feuersbrunst zum Opfer. Die Ruine dient heute als Bühne für die Bad Hersfelder Festspiele. Erhalten geblieben ist der allein stehende Katharinenturm, in dem die älteste Glocke Deutschlands aus dem Jahre 1038 hängt.

Rothenburg an der Fulda, Melsungen, Kassel – überall könnte man länger verweilen. Letztere ist die Hauptstadt der Märchenstraße. Die Gebrüder Grimm verbrachten hier 30 Jahre ihres Lebens. In der Stadt trugen sie die weltberühmte Märchensammlung zusammen und begannen mit den Arbeiten am Deutschen Wörterbuch. Kassel hält die Erinnerung an die Sprachwissenschaftler und Volkskundler wach.

Von der BRD in die DDR

Märchenfans tauchen in die GRIMMWELT ein. Der Bau sieht aus wie eine Treppe für Riesen. Große und kleine Kinder lassen sich von 25 Begriffen aus dem Deutschen Wörterbuch durch die Ausstellung leiten. Der kostbarste Schatz ist das Grimmsche Handexemplar der Kinder- und Hausmärchen von 1812/1815. 2005 ernannte es die UNESCO zum Weltdokumentenerbe.

Die Geschichte des Klosters Arnstein lässt sich bis in die zweite Hälfte des 11. Jahrhunderts zurückverfolgen.

Die Stiftskirche von Bad Hersfeld ist seit 1761 eine Ruine, in der heutzutage Festspiele ausgetragen werden.

Die Radroute punktet immer wieder mit ruhigen Passagen in der Natur – hier der Fluss Lahn.

Goslar liegt malerisch am Nordrand des Mittelgebirges Harz und lädt zu ausgedehnten Spaziergängen durch die Gassen ein.

Die Fulda trägt ihr Wasser der Weser zu, wo Radler sich neben den Höhenzügen des Weserberglandes auf Hann. Münden, Bad Karlshafen und Holzminden freuen können. Anschließend geht es erneut Richtung Osten. Vorbei an den Mittelgebirgen Solling und Harz. In Goslar wird es wieder geschichtlich. Aufgrund der ertragreichen Vorkommen von Silber, Kupfer, Blei und Zink im Rammelsberg wird Goslar um 1015 Kaiserstadt und damit zentraler Stützpunkt des

FRIEDRICH I
BARBAROSSA

DEM DEUTSCHEN VOLKE

Berliner Mauer-Radweg

Vom Anfang der 1950er-Jahre bis 1989 durchschnitt eine nahezu unüberwindbare Barriere den europäischen Kontinent. Ihr sensibelstes Teilstück mit hintereinander stehenden Schutzmauern bzw. Zäunen und weiteren Sicherungsanlagen befand sich ab 1961 in Berlin. Heute können Radler dem 165 Kilometer langen Mauerweg nachsteuern. Man ist hin- und hergerissen: hier kulturhistorische Wahrzeichen wie das Brandenburger Tor, das Reichstagsgebäude, die Museumsinsel und dort Mauerreste, Wachtürme, Gedenkstätten sowie Mahnmale für erschossene Flüchtlinge. Zwischendrin zieht sich der Rundkurs durch Parks und mehrere Bezirke. Berlin Mitte, Teltow, Potsdam, Spandau, Glienicke, Kreuzberg und Neukölln.

Gut zu wissen

SCHWIERIGKEIT Mittel

WEGLÄNGE 1093 km

CHARAKTER Die Reiseroute nutzt bestehende Radwege und ist daher gut ausgebaut. Genussradler freuen sich auf die Flüsse Rhein, Lahn, Fulda, Weser und Havel. Dazwischen führt die Tour über Höhenzüge.

WEGMARKIERUNG Als Streckenlogo dient ein Fahrrad mit Schwarz, Rot, Gold und einem blauen Hintergrund.

E-BIKE Auf der Webseite www.radweg-deutsche-einheit.de gibt es zum Radweg eine Broschüre. In dieser sind alle Radstätten aufgelistet.

AUSGANGSPUNKT Bonn

ENDPUNKT Berlin

AN- UND ABREISE Bonn und Berlin erreicht man gut mit dem Zug und dem Fernbus. Auch unterwegs gibt es viele Möglichkeiten, um ein Stück mit der Bahn abzukürzen.

TOURISTINFO Bundesministerium für Verkehr und digitale Infrastruktur, www.radweg-deutsche-einheit.de

Heiligen Römischen Reiches. Aus dieser Zeit stammt die Kaiserpfalz. Die UNESCO erklärte sie zusammen mit dem Erzbergwerk Rammelsberg und der Altstadt Goslars zum Weltkulturerbe. Ohne es vor Ort groß zu merken, ist man vom Territorium der einstigen BRD in das der DDR geradelt. Einzig die Schilder am Wegesrand verraten, wo man unterwegs ist.

Zehn Kilometer geradeaus!

Die Waldbilder des Harzes bleiben ein gutes Stück erhalten, dann öffnet sich voraus das Norddeutsche Tiefland. In der Weite der Landschaft dienen die Flüsse als Orientierungspunkte. Radler springen von der Bode zur Saale, von der Mulde zur Elbe.

Die Lutherstadt Wittenberg, das nächste Welterbe, läutet das Reisefinale ein. Längs der Potsdamer und Brandenburger Havelseen geht es in die Hauptstadt von Brandenburg. Ringsum Parks, mittendrin Prachtbauten wie das herrliche Schloss Sanssouci, das Neue Palais und das Orangerieschloss.

Hinter dem Wannsee biegen Radler auf die Zielgerade ein: zehn Kilometer immer geradeaus. Rechts die Messe Berlin und der Zoo, links das Reichstagsgebäude und das Paul-Löbe-Haus und voraus das Brandenburger Tor, Ziel des Radweges Deutsche Einheit. Wer noch Urlaubstage übrig hat, kann den Berliner Mauer-Radweg anhängen. Nochmals 160 Kilometer Geschichte pur.

Die Kaiserpfalz Goslar gehört seit 1992 zum UNESCO-Weltkulturerbe.

Das Reichstagsgebäude ist seit 1999 Sitz des Deutschen Bundestages.

17

Europa-Radweg Eiserner Vorhang

Stille Wege auf geschichtsträchtigem Boden

Osten? Westen? Auf dieser Tour fragen sich Radler immer wieder, wo sie gerade entlangholpern. So zwischen BRD und DDR hin- und herzuspringen – vor über 30 Jahren undenkbar. Wer dem Radweg Eiserner Vorhang folgt, erlebt Deutschland von seiner stillen Seite: Mittelgebirge, Wälder, Felder dazu viele Mahnmale.

Dieser verfluchte Kolonnenweg! Man muss höllisch aufpassen, dass die Räder nicht in die handygroßen Löcher des Plattenwegs hineinbollern. Die Szene lässt sich an der einstigen innerdeutschen Grenze immer wieder erleben. Zum Glück gibt es auch gut ausgebaute Abschnitte.

Unsere Reise beginnt am Strand von Travemünde. Wer an der Ostsee auf den Sattel klettert, tastet sich langsam an die Höhepunkte heran. Den ersten markiert Lübeck: »Tor zum Norden«, »Stadt der Sieben Türme«, »Königin der Hanse« – die Liste der Ausschmückungen ist lang. Im Jahr 1987 erklärte die UNESCO die gesamte Altstadtinsel zum Welterbe. Besucher bummeln durch das Holstentor und überqueren dahinter den Fluss Trave. 13 bedeutende Museen, vom europäischen Hansemuseum bis zum Buddenbrookhaus geben spannende Einblicke in die Epoche der Hanse. Der Radweg Eiserner Vorhang pendelt zwischen Schleswig-Holstein und Mecklenburg-Vorpommern. Hier fahren wir das Biosphärenreservat Schaalsee entlang. Die Gegend war zu DDR-Zeiten ein Sperrgebiet. Das lang gestreckte, stark verästelte Gewässer hat eine Tiefe von 72 Metern und wurde von eiszeitlichen Gletschern modelliert.

Elbgrenze

Bei Lauenburg treffen wir auf den Elberadweg, dem wir für rund 100 Kilometer folgen. Auch die Elbgrenze wurde von Grenzschutztruppen der DDR zu Lande und zu Wasser überwacht. Was für die Menschen schwer auszuhalten war, hatte Vorteile für die Natur. Denn im Schatten der Grenzanlagen entwickelte sich ein beschaulicher Naturraum, der zum Biosphärenreservat Flusslandschaft Elbe gehört. Das auf fünf Bundesländer verteilte Auenökosystem hat eine Fläche

➲ Die Hansestadt Lübeck schützte sich einst durch starke Befestigungsanlagen wie dem berühmten Holstentor.

Lübeck kämpft für seine Uni
CONCORDIA DOMI FORIS PAX

von 3430 Quadratkilometern. Dem DDR-Grenzbereich fiel das auf einer Landzunge gelegene Dorf Rüterberg zum Opfer. Der 300-Seelenort war jahrzehntelang durch einen Zaun von der Außenwelt abgeschnitten. Selbst von der DDR-Seite her konnte man nur durch ein bewachtes Tor eintreten. Die verbliebenen 150 Einwohner beriefen am 8. November 1989 eine Versammlung ein. Dabei schufen sie eine Dorfrepublik nach dem Vorbild der schweizerischen Urkantone. Wie es das Schicksal wollte, war die Berliner Mauer am nächsten Tag Geschichte. Ungehindert steuern wir heute durch das flache, mit Gräben durchzogene, platte Land, setzen mehrmals über das »Grüne Band« von Niedersachsen nach Sachsen-Anhalt und zurück. Zwischen Helmstedt im Westen und Marienborn im Osten durchschnitt einst der bedeutendste Grenzübergang die innerdeutsche Grenze. Wo heute Fahrzeuge auf der A 2 vorbeidonnern, ging es vor Jahrzehnten

Geteilter Kontinent

Die EuroVelo 13 ist in dem kontinentalen Routennetz die Abenteuerreise. Keine führt länger durch die Natur. Los geht es an der Barentssee am nördlichen Rand von Norwegen. Wer bis ans Ziel strampelt, hat am Schwarzen Meer rund 10 000 Kilometer auf dem Tacho stehen. Das Springen von Land zu Land (20 Staaten) beginnt mit den weiten Wäldern Nordeuropas. Es folgt die Ostseeküste, die Mitte Europas und im Südosten Gebirge auf Gebirge. Zudem würzen UNESCO-Welterbestätten, Flüsse und Ebenen die Fahrt.

Entlang des Eisernen Vorhanges mahnen mehrere Überwachungsanlagen die Teilung Deutschlands an.

Von der Beobachtungsstation Point Alpha aus spähten die Amerikaner die strategisch wichtige »Fuldaer Lücke« aus.

Am Coburger Marktplatz zieht das Rathaus alle Blicke auf sich.

Die Veste Coburg behütet hinter ihren dicken Mauern bedeutende Kunstsammlungen.

Lübeck
Travemünde
Hamburg
Elbe
Lüneburg
Soltau
Havel
Wittenberge
Salzwedel
Berlin
Spree
Hannover
Wolfsburg
Braunschweig
Magdeburg
Goslar
Harz
Weser
Dessau
Elbe
Göttingen
Saale
Halle
Leipzig
Kassel
Dresden
Erfurt
Mulde
Gera
Jena
Chemnitz
Thüringer Wald
Bad Salzungen
Franken-wald
Erzgebirge
50 km
Sonneberg

schleppend voran. Die großen Pkw- und Lkw-Abfertigungsbereiche der Gedenkstätte Deutsche Teilung Marienborn vermitteln ein Bild, wie sich hier Reisende aus Richtung Berlin und Hannover aneinanderreihten.

Harz und Rhön

Über 1100 Kilometer verläuft die Radroute entlang der innerdeutschen Grenze – die nächsten haben es in sich. Voraus baut sich der 1141 Meter hohe Harz auf. In ermüdenden Schleifen steigt der Forstweg das wildromantische Ilsetal hinauf, das durch den Bericht »Die Harzreise« des Dichters Heinrich Heine Berühmtheit erlangte.

Der Radweg taucht in den Nationalpark Harz ein. Das im Herzen des Bergmassives gelegene Schutzgebiet umfasst eine Fläche von 24 700 Hektar und mehrere Vegetationszonen, die rund 1000 Farn- und Blütenpflanzenarten beheimaten. Eine lange Abfahrt bringt uns ins Fachwerkstädtchen Duderstadt. Drei Kilometer südlich hat man das Grenzlandmuseum Eichsfeld erreicht. Dort schnaufen wir den steilen Kolonnenweg mit Lochplatten hinauf, den eine Zaunanlage und Türme säumen.

Hinter Bornhagen senkt sich das Terrain ins Werratal ab. Vor uns liegen 130 genussvolle Kilometer. Bei Vacha schwenken wir auf den Rhönradweg ein. Das »Land der offenen Fernen« trägt seinen Titel zu Recht: Der Blick schweift über Basaltkuppen und Borstgraswiesen, darauf die schwarzköpfigen Rhönschafe.

Mittelgebirge auf Mittelgebirge

Die einstige amerikanische Beobachtungsstation Point Alpha markiert den nächsten Stopp. Wo sich einst zwei hochgerüstete Armeen gegenüberstanden, kann man heute eine Gedenkstätte besuchen. Im Dreiländereck von Hessen, Thüringen und Bayern überqueren Radler bei Fladungen mit 800 Metern den höchsten Punkt der Reise. Hinter dem Biosphärenreservat Rhön führt unser Weg zunächst in tiefergelegene Lagen, um sich auf dem letzten Abschnitt nochmals in einem Auf und Ab nach Osten zu wenden. Voraus die Höhenrücken des Franken- und Thüringer Waldes.

Die Route folgt dem Rennsteig und quert bei Blankenstein den Fluss Saale. Im Dreiländereck, jener Stelle, wo BRD, DDR und Tschechoslowakei aufeinandertrafen, greift man zur Fahrradbremse. 1130 Kilometer stecken in den Beinen: Ostsee, Elbe, Harz, Werratal, Rhön, Rennsteig, Thüringisch-Fränkisches Mittelgebirge. Neben den ruhigen Landschaften haben sich die Gedenkstätten und die Schicksale der Flüchtlinge ins Gedächtnis gebrannt.

Gut zu wissen

SCHWIERIGKEIT Schwer

WEGLÄNGE 1131 km

CHARAKTER Die ruhige Naturroute beinhaltet Asphalt-, Kies- und Patrouillenwege. Sie ist im Norden einfach und verlangt weiter südlich in den Mittelgebirgen eine gute Kondition.

WEGMARKIERUNG Die Markierungen »ICT – Iron Curtain Trail« sieht man nur abschnittsweise. An manchen Stellen helfen die Schilder »Grünes Band Deutschland«.

E-BIKE Südlich des Mittelgebirges Harz folgt meist Steigung auf Steigung. Wer weniger trainiert ist, für den ist eine Trittunterstützung eine gute Hilfe.

AUSGANGSPUNKT Travemünde

ENDPUNKT Dreiländereck

AN- UND ABREISE Travemünde hat Bahnanschluss. Am Reiseende im Dreiländereck radelt man weiter bis in die Stadt Hof.

TOURISTINFO www.ironcurtaintrail.eu;
www.erlebnisgruenesband.de,
www.eurovelo.com;
App Eurovelo 13, Tourismus Verbände von Schleswig-Holstein, Mecklenburg-Vorpommern, Niedersachsen, Sachsen-Anhalt, Thüringen, Hessen, Bayern und Sachsen

Doppelspurwege, Lochplattenwege, Schotter und Asphalt – immer wieder wechselt der Belag der Radroute.

Die Brockenbahn transportiert sogar Fahrräder. Wer müde ist, muss also nicht auf die Panoramasicht verzichten. Die Abfahrt per Rad gibt es gratis dazu.

18

Bahnradweg Hessen

Eisenbahnfeeling für Radler

Der Osten Hessens sorgt rundum für eine angenehme Atmosphäre: die Mittelgebirge, die Flüsse und besonders die Fachwerkbauten. Dazwischen dehnt sich das sanft wellige Land mit Wäldern, Feldern und Wiesen aus. Eine stille Urlaubsregion abseits der großen Zentren – ideal zum Radfahren!

In der Heimat der Brüder Grimm schlängelt sich einer der tollsten Bahntrassenradwege durch die Lande. Für heutige Pedalritter malen die Mittelgebirge von Rhön, Vogelsberg und Spessart die Kulisse. Was nach Schwitzen klingt, ist entspanntes Radeln. Denn die Planer der einstigen Bahnstrecken legten die Trassen mit sanften Steigungsprozenten in die Hügel.

Start der Reise ist Bad Hersfeld. Die Stadt verdankt ihre Entstehung dem im Jahre 769 gegründeten Benediktinerkloster Hersfeld. Die Ruine der Stiftskirche dient heute als stilvolle Bühne für die Bad Hersfelder Festspiele. Wir nutzen die gemächlich bergan steigende Trasse der ehemaligen Hersfelder Kreisbahn. Im August 1999 baute man die Gleise ab, der Weg war frei für die Einrichtung des Solztalradweges. Voraus das UNESCO-Biosphärenreservat Rhön. Streuobstwiesen wechseln sich mit Dörfern ab. Auf 360 Metern kippt der Radweg und beschert eine Abfahrt ins Werratal.

Weiße und grüne Berge

Weithin sichtbar erheben sich weiße Berge aus der Flussniederung, unter denen der Monte Kali mit seinen 200 Metern über dem Talboden am höchsten aufragt. Die Abraumhalden sind Erbe des Kalibergbaues. Wir schwenken auf Kurs Süd und folgen dem Ulstertalradweg. Oberhalb der Stadt Geisa befindet sich die Gedenkstätte Point Alpha. Der strategische Posten am Eisernen Vorhang diente zur Überwachung der »Fuldaer Lücke«. Hier erwartete die NATO einen Panzerangriff des Warschauer Paktes.

Der Reiseweg gewinnt weiter an Höhe und führt durch den Fachwerkort Tann. Immer wieder hält man an und genießt

➲ Der Dom St. Salvator in Fulda ist die Grabeskirche des heiligen Bonifatius.

das Panorama auf die bewaldeten Kuppen der Rhön. Plötzlich geht es in einen Berg hinein. Voraus öffnet sich der 1,2 Kilometer lange beleuchtete Milseburg-Radtunnel. Im Inneren herrschen konstante Temperaturen zwischen 8 und 10° C. So finden Fledermäuse im Winter einen geschützten Ruheraum.

Auf der Westseite des Höhenzuges vertrauen wir uns der umgebauten Strecke der Biebertalbahn an. Die Räder stoppen in der Stadt Fulda. Wo einst das im Jahr 744 gegründete Benediktinerkloster stand, beherrscht heute der Dom zu Fulda den trapezförmigen Domplatz. Das Wahrzeichen der Bischofsstadt besitzt durch das Bonifatiusgrab eine große religiöse Bedeutung und ist Ziel von Wallfahrten. Wer durch das historische Zentrum Fuldas spaziert, entdeckt weitere Schätze: so das 1721 vollendete Stadtschloss, die 1200 Jahre alte Michaelskirche und Teile der mittelalterlichen Stadtbefestigung.

Fahrt auf den Vulkan

Weiter geht es auf dem 93 Kilometer langen Vulkanradweg, der die Trasse der ehemaligen Oberwaldbahn nutzt. Namensgeber ist der 773 Meter hohe Vogelsberg. Er bildet das größte geschlossene Basaltmassiv in Europa. Sieben Millionen Jahre verhält sich der Vulkan schon ruhig. Am östlichen Fuß residiert die Stadt Schlitz. Mit ihren fünf Burgen sieht sie aus, als wäre sie im Mittelalter in einen Dornröschenschlaf gefallen. Der Weg führt am Promenadengarten von Bad Salzschlirf vorüber zum Fachwerkensemble von Lauterbach.

Anschließend zieht sich der Radweg in Serpentinen in die Höhe. Angenehme drei Prozent Steigung. So geht es in einen schattigen Laubmischwald. Hier und da kommt Felsgestein zum Vorschein. Es führt die Schwierigkeiten der Bautrupps vor Augen, die vor 150 Jahren einen Weg für die

Die gepflegten Parkanlagen im Herzen von Fulda laden zum Bummeln ein.

Der Park der Jahreszeiten in Bad Hersfeld wurde 2008 als zweitschönster Park Deutschlands ausgezeichnet.

In der Innenstadt von Lauterbach reihen sich romantische Fachwerkhäuser aneinander.

Das Brüder-Grimm-Nationaldenkmal ist eine Doppelstatue für die in Hanau geborenen Brüder Grimm.

Hessen – Entdecke die Landesmitte

Durch Hessen ziehen sich viele Radwege. Entspannt einem Fluss nachsteuern? Zur Auswahl stehen: Rhein, Lahn, Eder, Fulda, Werra, Nidda und Main. Sie entwässern mehrere Mittelgebirge. Als Spielwiese dienen im Norden das Rothaargebirge, der Kellerwald und der Hohe Meißner. In der Mitte zwingen der Taunus, der Vogelsberg und die Rhön in die kleinen Gänge. Hier ragt die 950 Meter hohe Wasserkuppe auf, Hessens höchster Berg. Und im Süden schmeicheln Odenwald und Spessart dem Auge. Dazwischen dehnen sich mehrere Becken aus – flaches Terrain zum Dahinrollen.

Gut zu wissen

SCHWIERIGKEIT Mittel

WEGLÄNGE 249 km

CHARAKTER Die gut ausgebaute Strecke punktet durch asphaltierte Wege, eine ruhige Trassenführung und geringe Steigungsprozente.

WEGMARKIERUNG Als Streckenlogo dient ein quadratisches Schild, das einen Radfahrer auf Schienen zeigt. Daneben steht der Schriftzug »Bahnradweg Hessen«.

E-BIKE Auf der Webseite www.bahnradweg-hessen.de sind Fahrradverleihstationen und Reparaturstätten aufgelistet.

AUSGANGSPUNKT Bad Hersfeld

ENDPUNKT Hanau oder Hartmannshain

AN- UND ABREISE Bad Hersfeld und Hanau haben einen Bahnhof. Wer die Tour in Hartmannshain beendet, radelt weiter bis zu den Bahnhöfen in Lauterbach oder Bad Soden-Salmünster.

TOURISTINFO Region Vogelsberg Touristik GmbH, www.vogelsberg-touristik.de, www.bahnradweg-hessen.de;
HA Hessen Agentur GmbH, www.hessen-tourismus.de und www.radroutenplaner.hessen.de

Bahn bereiteten. Vorbei am Schloss Eisenbach geht es tiefer hinein in die Naturpark Vulkanregion Vogelsberg. Hinter Grebenhain steigt der Radweg acht Kilometer an, gefolgt von 28 Kilometern bergab. Es warten die Teufelsmühle Grebenhain, die Auenlandschaft Mittleres Niddertal und die Keltenwelt am Glauberg.

Zugabe Vogelsberger Südbahnradweg

Funde belegen, dass die am Ostrand des Tieflandes gelegene Erhebung von der Jungsteinzeit bis ins Mittelalter eine große Bedeutung besaß. Durch den Sensationsfund eines keltischen Fürstengrabes im Jahre 1994 erlangte der Höhenrücken Berühmtheit. Eine Attraktion am Weg sind die zu Rastplätzen umgebauten Bahnhöfe. Unterwegs kommt Eisenbahnfeeling auf, man rollt leicht erhöht über der Landschaft dahin. Der Radweg führt hinunter bis an den Main.

In Hanau, der Geburtsstadt der Brüder Grimm, angekommen, gibt es einiges zu sehen. Viele zieht es zum Schloss Philippsruhe. Dort ist in einem Seitenflügel das Mitmachmuseum GrimmsMärchenReich untergebracht.

Anschließend lohnt es sich, der zweiten Streckenvariante nachzusteuern. Höhepunkt ist die Barbarossastadt Gelnhausen mit alten Fachwerkhäusern. Der einstige Herrschersitz, die Kaiserpfalz, gilt als eine der am besten erhaltenen Pfalzruinen der Stauferzeit. Radler strampeln langsam das Tal der Kinzig hinauf. Rechts der Spessart, voraus der Vogelsberger Südbahnradweg, ebenfalls so eine tolle stillgelegte Bahntrasse.

Das Schloss Philippsruhe in Hanau, eines der bedeutendsten Kultur- und Baudenkmäler Hessens, wurde nach französischem Vorbild erbaut.

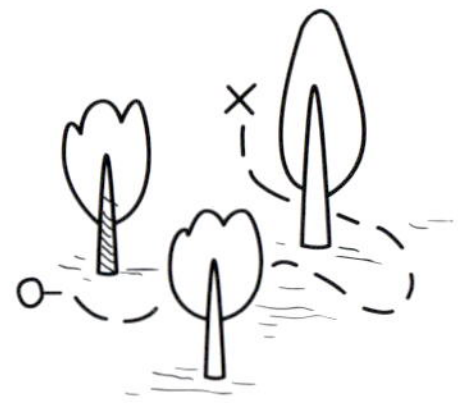

Radwege in der Mitte

Weitere Touren im Überblick

EUROPA-RADWEG R1

Deutschland auf einer Route durchqueren? Klingt verlockend! Dazu bietet sich eine Fahrt auf dem Europa-Radweg R1 an. Er beginnt im französischen Boulogne-sur-Mer und erreicht nach über 3500 Kilometern St. Petersburg. Hierzulande bildet das Münsterland mit seinen Schlössern den Auftakt. Östlich der Ems steigt der Weg an und durchschreitet den Teutoburger Wald. Die nächsten Stationen sind der Fluss Weser und das Mittelgebirge Harz. Auf dem deutschen Abschnitt kann man neun UNESCO-Welterbestätten besuchen. Die meisten erwarten einen auf dem Weg via Dessau, Wittenberg und Potsdam nach Berlin hinein. Dahinter wird der Europaradweg wieder zur ruhigen Landfahrt.

AUSGANGSPUNKT
Bahnhof in Coesfeld
ENDPUNKT
Bahnhof in Küstrin-Kietz
WEGLÄNGE
953 km

EDERRADWEG

Die beschauliche Flusspartie beginnt im Rothaargebirge. Radler lassen sich von der Eder durch Wiesen und Wälder führen. Auf das Schloss Berleburg folgt der Edersee. Naturfreunde wandern mit einem Ranger durch den Nationalpark Kellerwald-Edersee. Und Radler? Die freuen sich über die tolle Tour. Vor dem Lenker entfalten sich dicht bewachsene Steilhänge, die aus dem Blau des Wassers emporsteigen. 100 Höhenmeter tiefer stoppen die Räder am Vier-Türme-Blick der Domstadt Fritzlar. Es ist neben Frankenberg der schönste Fachwerkort der Reise. Diese läuft in der Tourismusregion GrimmHeimat NordHessen ruhig weiter. Vorbei an Burgen und Schlössern hinab zur Fulda.

AUSGANGSPUNKT
Bahnhof in Lützel
ENDPUNKT
Bahnhof in Guxhagen
WEGLÄNGE
191 km

WERRATAL-RADWEG

Die Werra zieht sich mit Schleifen durch Thüringen und Hessen. Eindrücke wie aus dem Märchenbuch: Überall sieht man Burgen, Schlösser und idyllische Fachwerkorte – alles eingerahmt von malerischen Mittelgebirgen. Los geht es im Thüringer Wald. Die Räder rollen eilig bergab. Unterwegs schweift der Blick gen Süden, hinüber zu den Kuppen der Rhön. Stromabwärts begleitet die Route den Hainich und den Kaufunger Wald. Bis zur Wende verlief im Tal der Eiserne Vorhang und trennte Hessen von Thüringen. Der Zaun ist längst Geschichte, und so setzt man heute sorglos von einem Ufer zum anderen über – es lohnt sich, wie der gesamte Werratal-Radweg!

AUSGANGSPUNKT
Bahnhof in Neuhaus am Rennweg
ENDPUNKT
Bahnhof in Hann. Münden
WEGLÄNGE
305 km

Schutzhütte am Rennsteig
in Thüringen

19

Main-Radweg

Entspannt durch die Landesmitte

Der Main-Radweg wird den Wünschen von Genussradlern gerecht: Er verfügt über einen guten Streckenbelag und verläuft leicht bergab. Extrapunkte bekommt er durch sehenswerte Städte: Bayreuth, Bamberg, Schweinfurt, Würzburg, Aschaffenburg, Hanau und Frankfurt zieren diese Route. Dazu Mittelgebirge, Weinterrassen und viel Fachwerk.

Deutschlands Flüsse ziehen meist in eine Richtung, doch einer tanzt aus der Reihe – der Main. Wer seinen Lauf auf einer Karte betrachtet, könnte meinen, der Fluss weiß nicht wohin: Westen, Norden, Osten, Süden. Wie ein Herzschlagdiagramm läuft er durch Franken und Hessen. Keine Angst, auf dieser Reise bleibt der Puls immer schön im unteren Bereich. Das Terrain ist flach, die Radwege an seiner Seite gehören zu den am besten ausgebauten im Lande.

Radler können am Weißen Main oder am Roten Main starten. Hier das Fichtelgebirge und die Stadt Kulmbach mit der Plassenburg, dort die Fränkische Schweiz und Bayreuth mit dem Markgräflichen Opernhaus. Der Main vollzieht einen Bogen und hält auf Bamberg zu. Weithin sichtbar erhebt sich aus dem Tal die mittelalterliche Stadtsilhouette mit dem Dom und der Altenburg. Der komplett erhaltene Altstadtkern steht seit 1993 auf der Liste des UNESCO-Welterbes. Zu den bedeutendsten der 2300 Einzelbaudenkmäler Bambergs zählen das auf einer Regnitzbrücke erbaute Alte Rathaus, die Neue Residenz und das Kloster Michelsberg.

Natur und Kulturperlen

Weiter geht es von Bierfranken nach Weinfranken. Der Main wirft immer wieder Schleifen, die schönste bei Volkach. Man kann rätseln, in welche Richtung der Fluss gerade zieht. Ein Knick bei Kitzingen, einer bei Marktbreit, ein anderer bei Würzburg. Hoch über dem Tal thront die Festung Marienberg. Hinter den dicken Mauern sind das Mainfränkische Museum Würzburg und das Fürstenbaumuseum untergebracht. Wer über die Alte Mainbrücke mit ihren zwölf Sandsteinfiguren spaziert, gelangt ins Stadtzentrum. Glanzpunkt eines Würzburgbesuches ist die Besichtigung der Fürstbischöflichen Residenz. Der barocke Prachtbau wurde 1981 als eines der ersten deutschen Denkmäler in die Liste des UNESCO-Weltkulturerbes aufgenommen. Diese Anerkennung verdankt die im 18. Jahr-

Die Alte Mainbrücke war bis 1886 Würzburgs einziger Flussübergang.

SIVOTA
ASTORIA

hundert erbaute Schlossanlage vor allem dem imposanten Treppenhaus von Bauherr Balthasar Neumann und dem gigantischen Freskogemälde von Giovanni Battista Tiepolo. Wälder lösen die Weinlandschaft ab. In der Dreiflüssestadt Gemünden speisen die Fränkische Saale und die Sinn den Main. Beiden können Radler auf dem Rundradweg »Vom Main zur Rhön« folgen.

Man rollt das Mainviereck hinab und erreicht Wertheim. In der nördlichsten Stadt von Baden-Württemberg gibt es Anschluss an den Taubertalradweg. Dann wendet sich die Tour erst gen Westen und führt auf Miltenberg zu. Die Gründerväter haben sich eine reizvolle Stelle für die Siedlung ausgesucht: im linken Knie des Mainvierecks. In der Altstadt trifft das Auge auf Fachwerkhäuser.

Spessart und Odenwald

Aus den Bauten ragt die doppeltürmige Stadtpfarrkirche St. Jakobus auf, darüber sitzt die Mildenburg. Um die strategische Lage wussten bereits die Römer, die zwischen Miltenberg und Kleinheubach zwei Kastelle betrieben. Im Norden erhebt sich der Spessart mit seinen großen Laubmischwäldern, im Süden der für seine Sandsteine bekannte Odenwald. Das weithin sichtbare, aus Sandstein errichtete Schloss Johannisburg prägt das Gesicht Aschaffenburgs. Hinter den von vier Türmen bewachten Mauern residiert die Staatsgalerie Aschaffenburg. Der bayerische König Ludwig I. schätzte die Stadt für das milde Klima und kürte sie zum »bayerischen Nizza«. Zwischen 1840 und 1848 ließ er eine Nachbildung eines römischen Wohnhauses errichten. Überall neue Eindrücke. Da sind die zwei Innenhöfe, das Atrium, die Gästezimmer, die Küche und das Speisezimmer. Mosaikfußböden lenken die Aufmerksamkeit nach unten,

Beim baden-württembergischen Urphar wirft der Main eine seiner schönsten Schleifen in das bewaldete Himmelreich.

Miltenberg breitet sich zwischen Odenwald und Spessart aus und überzeugt durch seine historische Altstadt.

In Wertheim mündet die Tauber in den Main.

Maa, Mee, Moa oder Mää?

Für den Main kursieren, je nach Region, die verschiedensten Aussprachen: Während die Einheimischen den Fluss am Oberlauf Maa aussprechen, gibt es stromabwärts noch Bezeichnungen wie Mee, Moa oder Mää! Kompliziert? Nein – die Namen spiegeln nur die verschiedenen Kulturräume im Herzen Deutschlands wider, die der über 520 Kilometer lange Fluss miteinander verbindet. Er ist mit einer mittleren Abflussmenge von 225 Kubikmetern pro Sekunde nach der Aare und Mosel der drittwasserreichste Nebenfluss des Rheins. Für den Schiffsverkehr bildet er zusammen mit dem Main-Donau-Kanal ein wichtiges Bindeglied zwischen der Nordsee und dem Schwarzen Meer (www.mainradweg.com).

original römische Kunstwerke versetzen einen in die verstrichene Epoche. Die Besiedelung nimmt zu, und der Main ist zu einer stattlichen Breite angewachsen. Auch Seligenstadt, unser erstes Ziel auf hessischem Boden, glänzt mit sehenswerten Bauwerken. Bedeutend ist die Einhard-Basilika, in der die Reliquien der frühchristlichen Märtyrer Marcellinus und Petrus ruhen.

Frankfurt – alt trifft auf neu

Drei Flussschleifen weiter rollen wir auf die Brüder-Grimm-Stadt Hanau zu. Am Geburtsort der Sprachwissenschaftler und Märchensammler wurde 1143 die Wasserburg Hanau errichtet, aus der das Stadtschloss hervorging, das dem Zweiten Weltkrieg zum Opfer fiel. Unversehrt blieb das westlich der Stadt gelegene Schloss Philippsruhe. Es lädt mit einer prunkvollen Innenarchitektur und dem englischen Landschaftspark zu einem Ausflug ein. Im Finale geht es Frankfurt entgegen, das bald mit seiner unverkennbaren Skyline grüßt. In der Finanz- und Messemetropole befindet sich ein Schmuckstück vergangener Zeit – der Römerberg. Der Rathausplatz ist von jeher das Zentrum der Altstadt. Im 16. Jahrhundert galt er als schönster Platz im Heiligen Römischen Reich Deutscher Nation. Anschließend sind es wenige Pedaltritte bis ans Reiseziel, dem Mainzer Rheinstrand.

Schneewittchen vor dem Lohrer Schloss

Die Altstadt von Miltenberg imponiert durch ihre Fachwerkbauten.

Die Burg Rothenfels sitzt über der gleichnamigen Stadt und bietet tolle Ausblicke auf den Spessart.

Gut zu wissen

SCHWIERIGKEIT Leicht

WEGLÄNGE Roter Main: 564 km, Weißer Main: 553 km

CHARAKTER Die meist verkehrsberuhigte Strecke punktet durch gut ausgebaute Asphaltwege. Zu Beginn genießt man eine Abfahrt und im weiteren Verlauf gibt es nur wenige Kurzanstiege.

WEGMARKIERUNG Die Strecke ist mit dem Logo »main Radweg« ausgeschildert. Ein blaues und ein grünes Quadrat heben den Flussverlauf hervor. Er ist Teil der D-Route 5 – Saar-Mosel-Main.

E-BIKE Die Webseite www.mainradweg.com listet E-Bike-Verleihstationen, Reparaturstätten und Akku-Ladestationen auf.

AUSGANGSPUNKT Bischofsgrün oder Creußen

ENDPUNKT Mainz

AN- UND ABREISE Bischofsgrün hat keinen Bahnhof. Trebgast ist die nächste Haltestelle am Weißen Main. Creußen hat als Einstiegsort zum Roten Main einen Bahnhof. Vom Reiseziel Mainz genießt man eine gute Bahn- und Fernbusanbindung.

TOURISTINFO Tourismusverband Franken e. V., www.frankentourismus.de, www.mainradweg.com mit Main-Radweg-App

20

Saaleradweg

Naturerlebnis und Fahrrausch

Auf der Reise vom Fichtelgebirge zur Elbe wartet alle paar Stunden eine andere Überraschung. Wälder, Stauseen, Burgen, Rebzeilen und Kleinstädte verwöhnen das Auge. Am Fluss ziehen sich gepflegte Wege entlang.

Wie die Eger, die Haidenaab und der Weiße Main ist die Saale ein Kind des Fichtelgebirges. Sie entspringt am Nordwesthang des Waldsteines in 707 Metern Höhe aus einem gefassten Granitsteinbecken. Wir lassen die Räder genüsslich rollen, treten aus dem Wald und fahren durch eine reizvolle Feld- und Wiesenlandschaft nach Schwarzenbach. Dort bittet das Erika-Fuchs-Haus – Museum für Comic und Sprachkunst – zu einem Stopp. Erika Fuchs wohnte von 1933 bis 1984 in Schwarzenbach an der Saale und übersetzte das deutsche Micky-Maus-Magazin. Hof ist die erste große Stadt am Radweg. In der alten Textilstadt lohnen das Museum Bayerisches Vogtland und das Teddy Museum Berlin einen Besuch. Ab Hirschberg markiert der Fluss den Grenzverlauf zwischen Bayern und Thüringen.

Das nächste Teilstück ist das reizvollste, aber auch kräfteraubendste der Reise. Es führt durch den Naturpark Thüringer Schiefergebirge/Obere Saale. In einem Auf und Ab winden sich ruhige Straßen und verschlungene Schotterwege durch das dicht bewaldete Mittelgebirge. Das Landschaftsbild mit seinen Fichtenwäldern, den Birken und dem verästelten Bleilochstausee erinnert an Skandinavien.

Deutschlands größter Stausee

Aus dem Uferwald taucht der Ort Saalburg auf. Nachdem immer wieder Hochwasser das Saaletal heimsuchten, baute man zwischen 1926 und 1932 die Bleilochtalsperre. In ihrem Rücken dehnt sich Deutschlands größter Stausee aus. Wir folgen dem Lauf einer Bucht, durchqueren ein Waldstück und brausen eine kurvige Abfahrt hinunter. Voraus sitzt auf einem Felssporn das über dem Tal errichtete Schloss Burgk. Der wehrhafte Herrschaftssitz geht auf das 15. Jahrhundert zurück und bezaubert mit einem großzügig angelegten Rittersaal, einer Schlosskapelle mitsamt der

➲ Der Naumburger Dom St. Peter und Paul entstand größtenteils im 13. Jahrhundert.

6
Allegretto
espresso
.nolimits.
8,20 €
7,90 €
5,90 €

berühmten Silbermann-Orgel und barocken Sälen. Ein Forstweg führt längs des Flusslaufes durch das verwunschene Obere Saaletal. Die Höhepunkte sind die Talsperre Hohenwarte und die Saalfelder Feengrotten.

Der Radweg führt durch Rudolstadt und erreicht Jena. Im 16. Jahrhundert überreichte Kaiser Ferdinand I. das offizielle Universitätsprivileg. Noch heute wird am Ufer der Saale im großen Stil studiert, geforscht und ausprobiert. Die Vorbilder? Carl Zeiss, Ernst Abbe und Otto Schott – allesamt Pioniere der modernen Optik. Hinter der Mündung der Ilm geht es in den Geo-Naturpark Saale-Unstrut-Triasland. Hier wirft die Saale ihre Schleifen in ein geologisch 200 Millionen Jahre altes Bilderbuch. Wo in der Triasepoche ein Meer wogte, reifen heute Wein und Sekt.

»Halleluja«

Naumburg sonnt sich im Herzen des Naturparkes. Wahrzeichen der Altstadt ist der viertürmige Dom St. Peter und Paul. Er gehört seit 2018 zum UNESCO-Weltkulturerbe. Kostbar sind die romanische Krypta und die zwölf lebensgroßen Stifterfiguren im Westchor. Darunter eine Figur der Markgräfin Uta. Sie galt als das Sinnbild für die »schönste Frau des Mittelalters«. Immer wieder rückt eine Kleinstadt ins Bild. Auf Weißenfels mit dem Schloss Neu-Augustusburg folgt Bad Dürrenberg. Hier trifft man nahe dem Radweg auf den Kurpark mitsamt einem riesigen Gradierwerk. In Merseburg geht das Staunen weiter. Hoch über dem Ufer der Saale ragen Dom und Schloss auf und bilden ein harmonisches Turmensemble. Das städtebaulich attraktive Merseburg ist bekannt für seine Zaubersprüche. Sie stammen aus dem 10. Jahrhundert und zählen zu den ältesten erhaltenen Schriften Deutschlands.

Wir steuern durch eine weite Auenlandschaft und sehen, wie die Saale den Fluss Weiße Elster aufnimmt. Zwei Talbiegungen nördlich trägt sie viel Grün ins Zentrum von

➲ In der Händelstadt Halle gibt es viel zu sehen und zu entdecken, hier der Hallmarkt mit der Marktkirche.

⬇ Die Abendsonne taucht Merseburg in ein mildes Licht.

Hallmarkt

Barby
Elbe
Dessau
Harz
Halle
Leipzig
Unstrut
Saale
Weiße Elster
Zwickauer Mulde
Erfurt
Jena
Gera
Thüringer Wald
Erzgebirge
Hof
Sonneberg
Franken-
wald
50 km

Saalfelder Feengrotten

In Saalfeld kann man sich für gut eine Stunde der Oberwelt entziehen und in die Schaugrotten einfahren. Im Mittelalter baute man hier Alaunschiefer ab. Anschließend entwickelte sich eine faszinierende Tropfsteinwelt, die man seit dem Jahr 1914 bestaunen kann. Heutzutage geht es von Mai bis Oktober alle 20 bis 30 Minuten hinein auf die drei Sohlen der glänzenden Unterwelt. Diese stehen seit 1993 als »Die farbenreichsten Schaugrotten der Welt« im Guinnessbuch der Rekorde (Saalfelder Feengrotten, Feengrottenweg 2, 07318 Saalfeld, Tel. 03617/550 40, www.feengrotten.de).

Halle. Der Komponist Georg Friedrich Händel war eine der bedeutendsten Persönlichkeiten der Stadt. Er schuf Opern, Orchestermusikstücke und Oratorien. Darunter sein bekanntestes Werk, der »Messias« mit dem berühmten Chorwerk »Halleluja«.

Krone Anhalts

Die einen zieht es zum Händel-Geburtshaus, andere ins Landesmuseum für Vorgeschichte, in dem man das Original der Himmelsscheibe von Nebra bewahrt. Und Genießer? Die steuern den Marktplatz mit seinen »Fünf Türmen« an. Halleluja – was für ein Blick!

Hinter Halle bestimmt der Naturpark Unteres Saaletal den nächsten Reiseabschnitt. Hier hat sich der Strom durch die Halle-Hettstedter Gebirgsbrücke gegraben und eindrucksvolle Porphyrfelsbastionen hinterlassen. Die Region zählt zu den niederschlagsärmsten in Deutschland. So ist es nicht verwunderlich, dass in dem 408 Quadratkilometer großen Schutzgebiet Steppenpflanzen heimisch sind.

Mehrere Flussschleifen entfernt rücken die Gebäude von Bernburg ins Bild. Die Krone Anhalts – das Schloss Bernburg –, auf einem hohen Sandsteinfelsen über dem Ostufer der Saale, besitzt einen der größten Burghöfe Deutschlands. Zu den Attraktionen zählen der Eulenspiegelturm und das Schlossmuseum. Die finalen Kilometer führen durch Felder und Dörfer in den Ort Barby. Wer hier mit der Fähre über die Elbe setzt, kann auf dem Elberadweg ins nahe gelegene Magdeburg rollen und dort die Radtour gemütlich ausklingen lassen.

Gut zu wissen

SCHWIERIGKEIT Mittel

WEGLÄNGE 415 km

CHARAKTER Die Radtour ist im Thüringer Schiefergebirge anspruchsvoll. Sie verläuft auf Schotterwegen und Asphalt. Ab Saalfeld rollt man durch flaches Terrain.

WEGMARKIERUNG Weißes Schild mit der Überschrift »Saale«, darunter der blaue Fluss und ein Radfahrer

E-BIKE Die vielen Steigungen am Anfang machen den Einsatz eines E-Bikes sinnvoll. Infos über www.fahrradverleih-in-thueringen.de

AUSGANGSPUNKT Zell im Fichtelgebirge

ENDPUNKT Barby

AN- UND ABREISE Schwarzenbach hat den ersten Bahnhof am Saaleradweg. Vom Reiseziel Barby aus ist die Haltestelle Schönebeck (Elbe) die nächstgelegene.

TOURISTINFO Erlebnis Saaleradweg, www.saaleradweg.de; Thüringer Tourismus GmbH, www.thueringen-tourismus.de; www.radroutenplaner.thueringen.de; IMG – Investitions- und Marketinggesellschaft Sachsen-Anhalt GmbH, www.sachsen-anhalt-tourismus.de

Die Saale ist mit einer Länge von 413 Kilometern nach der Moldau der zweitlängste Nebenfluss der Elbe.

Blick auf das Landgericht in Halle

21

Neckartal-Radweg

Einmal durchs »Ländle«

Der Neckar lockt mit einer der höchsten Burgendichte im ganzen Land. Dazu verändert der Fluss auf der Reise vom Schwarzwald zum Rhein mehrmals sein Aussehen. Radler genießen die guten Wege und freuen sich jeden Tag auf geschichtsträchtige Städte – Tübingen, Stuttgart, Heilbronn, Heidelberg und Mannheim.

Einem unzertrennlichen Paar gleich ziehen der Neckar und sein Radweg Seite an Seite zu Tal. Bei diesem Tanz führt der Fluss. Radfahrer vollführen die Pirouetten. Sie steuern eine Altstadt an, dann wieder ein Schloss oder eine Burg.

Die Reise beginnt auf der Baar-Hochebene. Das Moorgebiet um den Neckarursprung steht heute unter Schutz. Wer möchte, kann einem Rundwanderweg folgen. Schwenningen ist die erste Stadt am Weg. Sie entführt mit dem Heimat- und Uhrenmuseum in die Welt der Zeitmesser. Die in einem Fachwerkbau aus dem 18. Jahrhundert untergebrachte Sammlung präsentiert im zweiten Obergeschoss Uhren aus Schwenningen und dem Schwarzwald. Eineinhalb Stunden entfernt rollen die Räder in die älteste Stadt Baden-Württembergs – Rottweil. Erkergeschmückte Bürgerhäuser und Kirchen beherrschen das Zentrum. Bekannt ist die ehemalige Reichsstadt für den Rottweiler Narrensprung, dessen Wurzeln auf das Jahr 1310 zurückgehen.

Fachwerkorte und Schlösserpracht

Auf den nächsten 50 Kilometern zieht der Fluss mit sanften Schwüngen das Tal hinab und tangiert ruhig gelegene Dörfer. Ringsum Mischwald. Radler passieren Horb und erreichen die Tübinger Talweitung. Im Norden thront die Sankt-Remigius-Kapelle auf einem 475 Meter hohen Bergrücken. An dessen Flanke ziehen sich Rebstockreihen hinunter in die Niederung.

Kurz darauf begrüßt uns Tübingen mit der viel fotografierten Häuserzeile – der Neckarfront. Im Schloss Hohentübingen wird die wechselvolle Geschichte der Grafen von Tübingen und der Herzöge von Württemberg erlebbar. Von der Aussichtsplattform fällt der Blick auf das rote Dächer-

➲ Die Universitätsstadt Tübingen steigt steil vom Neckarufer an.

Worms
Odenwald
Miltenberg
Mannheim
Heidel-
berg
Neckar
Jagst
Kocher
Rhein
Heilbronn
Karlsruhe
Pforzheim
Ludwigsburg
Stuttgart
Baden-Baden
Schwarzwald
Tübingen
Schwäbische Alb
Neckar
Horb
am Neckar
50 km
Villingen-
Schwenningen

mosaik. Es zieht sich hinunter zum Neckar, mittendrin die spätgotische Stiftskirche. Hier zeugt die Grablege des württembergischen Herrscherhauses von der einstigen Bedeutung der Stadt.

Man steuert durch die Fachwerkorte Nürtingen und Plochingen Richtung Esslingen. Mehr als 1000 Denkmäler zieren den historischen Ortskern, darunter die im 13. Jahrhundert errichtete Stadtkirche St. Dionys mit ihren Doppeltürmen. Anziehungskraft genießt das Alte Rathaus, das durch ein prächtiges Glockenspiel und eine schmucke Renaissancefassade imponiert. Über all dem thront die 700 Jahre alte Esslinger Burg. Die Stadt liegt noch nicht lange hinter uns, da erblicken wir das Festgelände des Cannstatter Wasens.

Radtouren im Neckartal

Durch das Neckartal führen mehrere abwechslungsreiche Radfernwege. So können Radler auf dem Neckartal-Radweg Schleifen einbauen oder am Reiseende nahtlos eine zweite Tour anhängen.

Alb-Neckar-Weg (215 km)
Burgenstraßen-Radweg (960 km)
Deutsche Fachwerkstraße (249 km)
Doppeltes Lottchen (104 km)
Enztalradweg (104 km)
Heidelberg-Schwarzwald-Bodensee-Weg (301 km)
Kocher-Jagst-Radweg (340 km)
Odenwald-Madonnen-Radweg (174 km)
Württemberger Weinradweg (355 km)
3-Länder-Radweg (225 km)
(www.neckartalradweg-bw.de)

Das Tübinger Rathaus wurde ab 1435 erbaut und in mehreren Phasen erweitert.

Horbs Geschichte reicht bis ins 11. Jahrhundert zurück.

Den Neckartalradweg zieren viele Burgen und Schlösser.

Restaurant
Schweine-Braten

FEYERABEND

Neben dem Radweg lockt das Mercedes-Benz-Museum Interessierte vom Fahrradsattel. Besucher können eine spannende Zeitreise in die Automobilgeschichte unternehmen. Carl Benz reichte 1886 das Patent eines Motorwagens ein und ist einer der Pioniere des Autobaues.

Weinberge und viel Geschichte

Wir verlassen den Stuttgarter Ballungsraum. Das Flusstal wird enger, die Hänge steiler. Voraus das Naturschutzgebiet Felsengarten. Hier erreicht die Route das Dorf Besigheim. Mit seinen verwinkelten Gassen und kleinen Plätzen bietet es sich als ruhiger Übernachtungsort an. Auf der Weiterfahrt sehen wir, wie der Neckar den Fluss Enz aufnimmt und nach Heilbronn zieht. Untrennbar mit der Stadt verbunden ist die Tradition des Rebanbaus. Sie reicht vor Ort bis in die Mitte des 12. Jahrhunderts zurück. Die »Weinstadt am Neckar« verfügt über eine Anbaufläche von 500 Hektar, auf der erlesene Württemberger Weine reifen. Der Weinanbau und der Warenumschlag am Flussufer bildeten den Grundstein für den Wohlstand von Heilbronn.

Auf dem nächsten Abschnitt bilden Burgen und Schlösser einen romantischen Rahmen. Den Anfang macht Bad Wimpfen, das hoch über dem linken Flussufer sitzt. Als die Staufer auf dem Weg zur Großmacht waren, entstand hier um 1200 eine Kaiserpfalz. Damals galt sie als die größte nördlich der Alpen. Heute fügen sich ihre Relikte in das Stadtbild ein.

Berühmteste Ruine Deutschlands

Anschließend rücken die südlichen Ausläufer des Odenwaldes dicht an den Neckar heran. Zuerst erspäht man das lang gestreckte Schloss Horneck, dahinter die gut erhaltene Burg Guttenberg. Es folgt die Burg Hornberg – einst Sitz des berüchtigten Ritters Götz von Berlichingen, und schließlich die Burganlage Zwingenberg.

Mit Heidelberg nähert sich der Fluss dem nächsten Höhepunkt der Reise. »Die Stadt in ihrer Lage und mit ihrer ganzen Umgebung hat, man darf sagen, etwas Ideales«, schwärmte Goethe. Besuchermagnet ist das Heidelberger Schloss. Die berühmteste Ruine Deutschlands thront auf dem Nordhang des Heidelberger Königstuhles. Nach einer Besichtigung stärken sich Radler auf dem Marktplatz in einem der Cafés oder Restaurants für die letzten Kilometer. Voraus liegt die oberrheinische Tiefebene. Am Zielort angekommen, lohnt ein Besuch des Mannheimer Schlosses. Es gehört mit einer Länge von 450 Metern zu den größten Barockanlagen Europas. Dann tauchen die Industrieareale des Mannheimer Hafens auf, dahinter vereint sich der Neckar mit dem Rhein. Die Fahrt hat sich gelohnt!

Gut zu wissen

SCHWIERIGKEIT Leicht

WEGLÄNGE 357 km

CHARAKTER Die Tour umfasst nur wenige Anstiege und verläuft auf gut ausgebauten Radwegen.

WEGMARKIERUNG Ein blau-weißes Wegschild mit einem Radfahrer und dem Schriftzug »Neckartal-Weg«

E-BIKE Auf der Webseite www.neckartalradweg-bw.de kann man sich eine Radkarte bestellen. Darin sind E-Bike-Ladestationen, Fahrradverleihe und Werkstätten aufgeführt. Siehe auch www.tourismus-bw.de

AUSGANGSPUNKT Villingen-Schwenningen

ENDPUNKT Mannheim

AN- UND ABREISE Bahnreisende erreichen den Startort Villingen-Schwenningen wie auch das Reiseziel Mannheim. Unterwegs gibt es viele Haltestellen.

TOURISTINFO Geschäftsstelle Neckartal-Radweg, www.neckartalradweg-bw.de; Tourismus Marketing GmbH Baden-Württemberg, www.tourismus-bw.de

Das charmante Besigheim bietet sich als Etappenort an.

Bad Wimpfen ist eine Kurstadt mit reizender Altstadt im Landkreis Heilbronn.

Die Altstadt von Heidelberg schmiegt sich an die Hänge des Odenwalds.

Radwege in der Mitte

Weitere Touren im Überblick

MAIN ZUR RHÖN

Ruhe ist in der Rhön allgegenwärtig. Das Mittelgebirge steht für sanft gewellte Kuppen, Wiesen und Wälder – ideal für eine Mehrtagestour mit dem Fahrrad. Der Rundkurs führt durch das ländliche Unterfranken. Leitlinien bilden die Flüsse Fränkische Saale und Sinn. In Gemünden am Main zur Ruine Scherenburg hinaufsteigen, in Bad Kissingen durch den Kurpark flanieren und im Freilandmuseum Fladungen dem Leben vergangener Tage nachspüren. Herzstück der Reise bildet das UNESCO-Biosphärenreservat Rhön, die zugleich ein Sternenpark ist. Im zweiten Reiseabschnitt rollt das Fahrrad schön zu Tal. Bad Brückenau, Burgsinn und Rieneck runden die Fahrt ab.

AUSGANGSPUNKT
Bahnhof in Gemünden am Main
ENDPUNKT
Bahnhof in Gemünden am Main
WEGLÄNGE
264 km

RADFERNWEG THÜRINGER STÄDTEKETTE

Diese Route sorgt gleichermaßen für Freud wie für Leid. Radler freuen sich auf die sieben historischen Zentren und sie leiden an den zahlreichen Anstiegen. Zumindest ein wenig. Denn jede der Städte liegt in einem anderen Flusstal. Ständig wechselt die Kulisse: Burgen, Schlösser, dann wieder beschauliche Waldtäler mit Mühlen. Der Radweg leitet von Eisenach nach Gotha; von Erfurt nach Weimar; von Jena über Gera bis in die Spielkartenstadt Altenburg. Auf dem Weg liegen drei UNESCO-Weltkulturerbestätten: die Wartburg, das klassische Weimar und die zum Bauhaus gehörende Kunstgewerbeschule. So viel Kultur auf engstem Raum erlebt man selten.

AUSGANGSPUNKT
Bahnhof in Eisenach
ENDPUNKT
Bahnhof in Altenburg
WEGLÄNGE
230 km

BADISCHER WEINRADWEG

Der Badische Weinradweg hangelt sich an den sonnenverwöhnten Hängen des Schwarzwaldes entlang. Im Westen malt der Rhein die Kulisse. Baden wirft für Radler alle Tourismusregionen in den Ring: Markgräflerland, Kaiserstuhl, Tuniberg, Breisgau, Ortenau, Kraichgau und Badische Bergstraße. Ein E-Bike schont bei dem Auf und Ab die Beine. Die gesparte Zeit kann man für Besichtigungen einplanen. Etwa für das Freiburger Münster, einen Bummel durch Baden-Baden oder den Anstieg hinauf zum Heidelberger Schloss. Weinliebhaber müssen sich unterwegs beherrschen. Über 300 Weinbaubetriebe liegen am Weg. Im Herbst lodern die Wälder mit den Weinreben farbenfroh um die Wette.

AUSGANGSPUNKT
Bahnhof in Grenzach
ENDPUNKT
Bahnhof in Laudenbach
WEGLÄNGE
460 km

Die Alte Brücke in Heidelberg wurde zwischen 1786 und 1788 errichtet.

Das Märchenschloss Neuschwanstein imponiert durch seine spektakuläre Lage zwischen Allgäuer Alpen und den Seen rund um Füssen.

Süddeutschland

Radurlaub in Baden-Württemberg oder in Bayern? Beides lohnt, denn durch den Süden Deutschlands ziehen sich viele Landschaftsrouten. Sie machen in historischen Städten Station – ideal zur Mittagsrast oder als Etappenziel.

22

Kocher-Jagst-Radweg

Folge den Zwillingsflüssen!

Wer Flussradwege liebt, wird in der Hohenloher Ebene fündig. Die Jagst und der Kocher entspringen nah beieinander am Nordrand der Schwäbischen Alb. Als Zwillingsflüsse ziehen sie hinab zum Neckar. So kann man den malerischen Landstrich doppelt kennenlernen. Das Beste: Beide Routen sind Geheimtipps und miteinander verbunden.

Wo startet man am besten eine Rundtour? An der höchsten Stelle? An der tiefsten? Oder in der Mitte? Bei zwei Wasserläufen bietet es sich an, zunächst bergab zu rollen. Unsere Wahl fällt auf das westliche Gewässer – den Kocher. Auf einer Länge von 168 Kilometern wirft er seine Schleifen zwischen die Schwäbische Alb und die Hohenloher Ebene. Südöstlich von Aalen vereinigen sich der Schwarze Kocher und der Weiße Kocher zum Hauptfluss.

Bevor man losstrampelt, lohnt es sich, Aalen anzuschauen. Um das Jahr 150 n. Chr. erbaute Kaiser Antoninus Pius an diesem strategischen Punkt das größte Reiterkastell nördlich der Alpen. Massive Mauern aus Juragestein sicherten die sechs Hektar große Anlage. Heute erinnern das Limesmuseum und der Open Air Park mit den Überresten des Hauptquartiers an die Epoche der römischen Feldzüge. Zudem erfahren Besucher Details zum Obergermanisch-Raetischen Limes, den die UNESCO 2005 auszeichnete. Man passiert das historische Rathaus und steuert in die liebliche Flusslandschaft des Kochertals.

Schlösserpracht und Fachwerkstädte

Vor dem Lenker entfalten zahlreiche Herrensitze ihre Reize. Marienburg, Schloss Hohenstadt, Schloss Untergröningen, Ruine Kansberg und Schloss Gaildorf. Allesamt bezeugen sie die wechselvolle Vergangenheit der hügeligen Gegend. Eine Perle ist die Comburg. Das Bollwerk besetzt einen weithin sichtbaren Logenplatz auf einer Anhöhe. Was aussieht wie eine Festung, war ein Benediktinerkloster. Man sprach vom »Himmlischen Jerusalem«. Die größten Schätze von Kloster Großcomburg sind der berühmte Radleuchter und das Antependium in der Kirche, beide einzigartige Stücke der Goldschmiedekunst. Zehn Minuten auf dem Sattel entfernt imponieren die Fachwerkhäuser von Schwäbisch Hall. Visitenkarte der Stadt ist der großflächige Marktplatz. Er zählt zu den beeindruckendsten

Das historische Rathaus
mitsamt Marktbrunnen in Aalen.

Deutschlands. Beherrscht wird die Szene vom barocken Rathaus. Gegenüber ragt die Michaelskirche auf. An ihrem Fuß führt eine Freitreppe mit 53 Stufen zum Eingangsportal. 30 Kilometer flussabwärts ist mit Künzelsau die nächste Stadt erreicht. Ein schönes Fotomotiv gibt das im fränkischen Fachwerk gehaltene Alte Rathaus ab. Markant ist ebenfalls das roséfarben angestrichene Schloss Bartenau. Kenner lösen Tickets für das Museum Würth. Der Unternehmer trug seit den 1960er-Jahren 17 000 Kunstwerke zusammen. Die Schwerpunkte der Sammlung liegen auf Skulpturen, Malerei und Grafiken. Voraus öffnet sich das Weinanbaugebiet Kocher-Jagst-Tauber & Hohenlohe. An seinem Unterlauf grub sich der Kocher durch die Muschelkalkschichten der Hohenloher Ebene und schuf den Nährboden für erlesene Trauben.

Ritter mit der eisernen Hand

Zwischen den Rebzeilen sonnen sich die Städtchen Ingelfingen, Niedernhall und Forchtenberg. Bad Friedrichshall ist eine bedeutende Station an der Burgenstraße. Es unterstreicht mit dem Schloss Lehen und dem Greckenschloss die strategische Lage der Flussvereinigung von Kocher und Jagst mit dem Neckar.

Wir nehmen Abschied vom Fluss Kocher, vertrauen uns der 190 Kilometer langen Jagst an. Das Tal ist breit, die Steigung kaum spürbar. So geht es entspannt nach Jagsthausen. Fällt der Name, denken viele an Götz von Berlichingen. Der als »Ritter mit der eisernen Hand« bekannte Recke kam 1480 auf der Götzenburg zur Welt. Bei einer der zahlreichen Fehden verlor er die rechte Hand. Ein Kunstschmied fertigte ihm eine Prothese an, die heute das Glanzstück des Burgmuseums bildet. Seit dem Jahr 1950 erweist Jagsthausen der historischen Berühmtheit seine Reverenz und führt im Hof der Festung das Traditionsstück »Götz von Berlichingen« auf. Der Kocher-Jagst-Radweg dreht hinter Crailsheim gen Süden, läuft leicht ansteigend durch Dörfer und Wiesen.

Die Comburg bei Schwäbisch Hall wurde einst als Kloster der Benediktiner genutzt.

In beiden Flusstälern kann man viele Burgen und Schlösser bestaunen.

Schwäbisch Hall sitzt ansprechend auf einer Anhöhe über dem Tal des Flusses Kocher.

Die Radrunde folgt den zwei Flüssen meist direkt am Ufer.

Besenwirtschaften

In der Region Hohenlohe trifft man sich in Besenwirtschaften – Jung wie Alt, Einheimische wie Touristen. Aber wieso Besen? Den Namen bekamen die Gaststuben so: Stellte ein Wirt einen Reisigbesen vor das Haus, war die Stube geöffnet. Noch heute wird mehrmals in der Saison aufgetischt: Es gibt Wein, Traubenmost, Federweißer, Schlachtplatten, frisches Bauernbrot und Delikatessen aus der Hohenloher Küche. Feinschmecker schätzen Gerichte vom Limpurger Rind, vom Schwäbisch-Hällischen Landschwein. Auch Wildbret wird gerne bestellt. Der Autor Carlheinz Gräter beschrieb es treffend im Hohenloher Weinbrevier: »Der Wein im Hohenlohischen ist ein guter Dolmetscher der Landschaft, ihres Klimas und ihres Gesteins, ihrer Nahrhaftigkeit und ihres Temperaments.«

Schwäbische Alb

Ellwangen ist das nächste Kulturzentrum und verfügt mit seinem Schloss über einen Besuchermagneten. Entscheidenden Einfluss auf die Entwicklung der Großen Kreisstadt übten lange Zeit die Äbte und Fürstpröpste aus. Ihre vierflügelige Residenz beherbergt heute das Schlossmuseum. Spannende Einblicke gewähren die Themen Industrie und Handwerk, eine Puppenstubensammlung sowie Musik und Malerei.

Hinter dem Bucher Stausee rücken die dicht bewaldeten Gipfel der Schwäbischen Alb ins Bild. Das Mittelgebirge breitet sich über eine Länge von rund 220 Kilometern zwischen dem Schweizer und dem Fränkischen Jura aus. Die Berge ragen mehr als 1000 Meter auf. Der Untergrund besteht aus wasserlöslichem Kalkstein. 2005 wies die UNESCO den Höhenzug als Geopark aus. Fossilfunde gewähren spannende Einblicke in die Erdgeschichte. Vulkankrater, Meteoreinschläge, Höhlen und Karstquellen prägen die Landschaft. Wir legen den kleinsten Gang ein und fahren eine kräftezehrende Steigung hinauf. Auf 680 Metern Höhe kippt der Weg und führt zurück nach Aalen. Hier schließt sich nach 340 Kilometern der Kreis einer an Eindrücken reichen Radreise.

Gut zu wissen

SCHWIERIGKEIT Mittel

WEGLÄNGE 340 km

CHARAKTER Der Radweg beinhaltet asphaltierte und geschotterte Abschnitte, Letztere sind selten. Zwischen den beiden Flüssen muss man einen langen Anstieg hinaufstrampeln. Ansonsten ist der Rundkurs familienfreundlich.

WEGMARKIERUNG Wie alle Routen in der Region ist die Rundtour gut beschildert und an dem mehrfarbigen Streckenlogo zu erkennen. Es trägt die Aufschrift »Kocher-Jagst-Radweg«.

E-BIKE Die Seite www.kocher-jagst.de zeigt auf einer Karte auch Radwerkstätten an.

AUSGANGSPUNKT Aalen

ENDPUNKT Aalen

AN- UND ABREISE Am Rundkurs liegen mehrere Bahnhöfe. Als Einstieg bietet sich z. B. Aalen an.

TOURISTINFO www.kocher-jagst.de;
Hohenlohe + Schwäbisch Hall Tourismus e.V., www.hohenlohe-schwaebischhall.de;
Touristikgemeinschaft Erlebnisregion Schwäbische Ostalb e.V., www.schwaebische-ostalb.de;
Touristikgemeinschaft Heilbronner Land e.V., www.heilbronner-land.de;
Heilbronn Marketing GmbH, www.heilbronn-marketing.de,
Touristikgemeinschaft Hohenlohe e.V., www.hohenlohe.de;
Tourismus Marketing GmbH Baden Württemberg, m.tourismus-bw.de

Das Schloss Bartenau in Künzelsau steht direkt an der Fahrradroute.

Das Schloss und die Schlosskirche Hohenstadt sitzen über dem Kochertal und bilden architektonisch eine Einheit.

23

Altmühltal-Radweg

Besuch bei Archäopteryx

Der Altmühltal-Radweg ist unter Deutschlands Routen einer der Dinosaurier. Über 40 Jahre hat der Weg auf dem Buckel. Als wolle sie jeden Höhepunkt mitnehmen, fließt die Altmühl mal in diese Richtung, mal in jene. Könnte der Fluss Geschichten erzählen, würden viele von den wechselnden Landschaften handeln, aber auch von Urzeitwesen.

Da Routenplaner ebenfalls gerne Höhepunkte einbauen, beginnt diese Reise mit einem Paukenschlag – in Rothenburg ob der Tauber. Egal, wie oft man dieses Städtchen schon besucht hat und durch die Gassen geschlendert ist – die Kulisse verzaubert. Besucher der fränkischen Reichsstadt flanieren vorbei an den Fachwerk- und Bürgerhäusern aus drei Jahrhunderten. Stolz sind die Einwohner auf den komplett erhaltenen Stadtkern, aus dem das 1578 erbaute Rathaus und die Stadtpfarrkirche St. Jakob herausragen. Radler schlüpfen durch die mit Türmen bewährte Stadtmauer und steuern Richtung Osten.

Die Route überschreitet einen mit Wiesen und Wäldern überzogenen Hügelrücken. In 460 Metern Höhe liegt der Hornauer Weiher – das Quellgebiet der Altmühl. Die Fahrt durch den Naturpark Frankenhöhe geht über Colmberg und Leutershausen nach Herrieden. Mit dem Storchenturm und der steinernen Altmühlbrücke mutet das Städtchen mittelalterlich an. Interessante Bauten sind das ehemalige Schloss und die Stiftskirche St. Vitus und St. Deocar.

Urzeitvögel

Die Etappe führt durch eine offene Landschaft mit verstreut liegenden Dörfern. Der vorzüglich ausgebaute Dammkronenradweg des Altmühlzuleiters lotst zum 4,5 Quadratkilometer großen Altmühlsee. Er dient als Hochwasserschutz und Zwischenspeicher. Der westliche Teil ist mit seinen Inseln als Naturschutzgebiet ausgewiesen. Die restliche Wasserlandschaft bildet ein Naherholungsgebiet der Stadt Gunzenhausen. Vor 1900 Jahren trennte der Obergermanisch-Raetische Limes das Römische Reich von Magna Germania – dem »freien« Germanien. Das seit dem Juli 2005

➲ Der rund 45 Meter hohe Burgstein gehört zum Naturschutzgebiet Trockenhänge Dollnstein.

zum UNESCO-Welterbe zählende Bodendenkmal verlief durch Gunzenhausen und wurde vor Ort mit einem Kastell gesichert. Es geht dem nächsten Höhepunkt entgegen, dem Naturpark Altmühltal.

Der Abschnitt bis Eichstätt ist die eindrucksvollste Passage der Reise. Hier grub sich die Altmühl durch das kalkhaltige Gestein des Fränkischen Juras und hat bizarre Felsformationen entstehen lassen. Vor 140 Millionen Jahren herrschte in dieser Gegend subtropisches Klima. Wo sich heute der Naturpark Altmühltal ausbreitet, wogten die Wellen an urzeitliche Meereslagunen. Das Erbe jener Zeit kann man in Solnhofen bestaunen. Dort bilden zwei Originale des Urvogels Archäopteryx die Glanzpunkte des Bürgermeister-Müller-Museums. Interessierte zieht es zudem ins Jura-Museum Eichstätt auf der Willibaldsburg. Auch darin gibt es Versteinerungen und farbenprächtige Korallen zu sehen. Dazu »lebende Fossilien«, ein Original des Archäopteryx und den Fossilienstar des Naturparkes, den Raubsaurier Juravenator starki.

Malerisches Tal

Seit mehr als 650 Jahren thront die Willibaldsburg – einst Sitz der Eichstätter Bischöfe über dem Altmühltal. Die geistlichen Würdenträger sind für das barocke Stadtbild verantwortlich. Sie ließen Eichstätt nach dem Dreißigjährigen Krieg mit prachtvollen Bauten wie der Fürstbischöflichen Residenz neu errichten. Zu den historischen Schmuckstücken zählt der dreischiffige Dom zu Eichstätt. Die stattliche Hallenkirche birgt im Inneren den elf Meter hohen »Pappenheimer Altar«. Er wurde 1489 vom Chorherrn Kaspar Marschall von Pappenheim aus Dankbarkeit für seine glückliche Rückkehr von einer Pilgerfahrt nach Palästina gestiftet.

Flussabwärts verschwindet die Altmühl in einem Auwald. Wir steuern den Schleifen nach, bestaunen die vorbeiziehenden Steilhänge und Wacholderheiden. Auf einem dieser Felsbalkone sitzt die Ruine von Schloss Arnsberg. Radler, die sich von dem Anstieg mit 100 Höhenmetern nicht abschrecken lassen, werden für ihre Mühe mit einem herrlichen Ausblick auf den Altmühlbogen belohnt.

Deutscher Limes-Radweg

Ab dem 1. Jahrhundert n. Chr. errichteten römische Legionäre hierzulande eine Grenzbefestigung – den Obergermanisch-Raetischen Limes. Radler steuern der längsten UNESCO-Welterbestätte Deutschlands nach. Ein E-Bike dient als Zeitmaschine. Die gesparte Energie kann man für die vielen Museen einsetzen. Westerwald, Taunus, Spessart, Odenwald, Schwäbische Alb, Fränkische Alb – alles stille Landstriche, genauso wie sie Radler lieben. Wer im Wald genau hinsieht, erkennt hier und da selbst nach 1900 Jahren den Verlauf des Limes.

Die Burg Prunn, eine der besterhaltenen Ritterburgen Bayerns, kann besichtigt werden.

Rothenburg ob der Tauber zählte im Mittelalter zu den mächtigsten Städten Süddeutschlands und zieht heute Besucher aus nah und fern an.

Fahrrad- und Fußgängerfähre über einen Seitenarm der Altmühl

Main-Donau-Kanal

In Beilngries sollte man einen Stopp einlegen. Bereits beim Näherkommen lenkt das hoch über der Stadt gelegene Schloss Hirschberg die Blicke auf sich. Gebäude mit stufenförmigen Giebelfassaden und Fachwerkhäuser prägen den historischen Ortskern.

Bei Dietfurt nimmt der 170 Kilometer lange Main-Donau-Kanal das Wasser der Altmühl auf und hält auf Riedenburg zu, das sich beiderseits der Bundeswasserstraße in die Länge zieht. Oberhalb des Ortskernes ragt Schloss Rosenburg auf. Der einstige Sitz der Burggrafen von Riedenburg ist bekannt für seine Greifvogelvorführungen, bei denen Falken, Adler und Geier ihre Flugkünste präsentieren. Auf der Reststrecke bis Kelheim verzaubert der Anblick von Schloss Prunn. Dann ist es geschafft – wir stehen am Ufer der Donau.

Wer noch voller Tatendrang steckt, der kann ein Stück auf dem Donau-Radweg nach Westen radeln und die Reise im Biergarten der ältesten Klosterbrauerei der Welt – im Kloster Weltenburg, ausklingen lassen. Auch stromabwärts lockt mit Regensburg ein lohnendes Ziel.

Gut zu wissen

SCHWIERIGKEIT Leicht

WEGLÄNGE 243 km

CHARAKTER Die Route verläuft auf Nebenstraßen und Radwegen. Meist führt die Strecke leicht bergab.

WEGMARKIERUNG Der Radweg ist mit grün-gelb-blauen Schildern markiert. Darauf sind ein Radler, ein Fluss und ein Ammonit zu sehen.

E-BIKE Den leichten Weg kann man gut mit einem normalen Fahrrad fahren. Wer dennoch auf eine Trittunterstützung setzt, schaut auf www.tauber-altmuehl-radweg.de .

AUSGANGSPUNKT Rothenburg ob der Tauber

ENDPUNKT Kelheim

AN- UND ABREISE Rothenburg ob der Tauber und Kelheim haben einen Bahnhof. In der Radsaison verkehren im Naturpark Altmühltal Busse mit Fahrradanhängern, www.naturpark-altmuehltal.de/freizeitbus.

TOURISTINFO Informationszentrum Naturpark Altmühltal, www.naturpark-altmuehltal.de; www.tauber-altmuehl-radweg.de; Bayern Tourismus Marketing GmbH, www.bayern.by und www.bayerninfo.de/rad

Die Burg Prunn sitzt auf einem Jurafelsen hoch über dem Flusstal der Altmühl.

Querung des Ludwig-Donau-Main-Kanals bei Altessing

Rothenburg ob der Tauber präsentiert stolz seine mittelalterliche Altstadt.

24

Fünf-Flüsse-Radweg

Geheimtipp in der Mitte Bayerns

Warum nur an einem Fluss entlangradeln, wenn es auch gleich fünf sein können? Vor der Tour fragt man sich, welcher Abschnitt zwischen Nürnberg und Regensburg wohl am schönsten ist: das Donautal mit der Weltenburger Enge? Oder die kleinen Flüsse Altmühl, Pegnitz, Vils und Naab?

Es gibt im Herzen Bayerns einen Ort, wo man dem weiß-blauen Himmel ein Stück näher ist. Ein Ort voller landschaftlicher Schönheit. Ein Ort urbayerischer Natur. Der Ort heißt Weltenburg. Geschmeidig wirft die Donau eine ihrer schönsten Schleifen um das gleichnamige Kloster. Dahinter ragen 80 Meter hohe Wände aus Jurafels auf. Wer in Regensburg in den Rundkurs einsteigt, hat bis zu diesem Highlight 45 entspannte Kilometer die Donau hinauf. In Kelheim schlüpfen wir durch das Altmühltor und folgen dem Fluss Richtung Nordwesten.

Dürften Radler Schönheitspunkte vergeben, dann würde dieser Abschnitt ganz schön absahnen. Den Anfang macht die Befreiungshalle, ein 45 Meter hoher Rundbau, den König Ludwig I. nach den Befreiungskriegen mitsamt 34 »Siegesgöttinnen« aus weißem Marmor errichten ließ. Es folgt das Postkartenmotiv Essing. Unterhalb der Burg Randeck ducken sich die Häuser an die steil aufragende Felswand. Und nördlich des Marktfleckens schwingt sich die Holzbrücke »Tatzlwurm«, einem braunen Untier gleich, von Ufer zu Ufer.

Schleusen, Häfen und Brücken

Hinter Beilngries geht der Radweg dem Main-Donau-Kanal nach. 16 Kanalstufen überwinden einen Höhenunterschied von mehr als 240 Metern.

Radfahrer zieht es an die Wasserstraße. Wir folgen dem Weg in das 1100 Jahre alte Berching. Seit dem Mittelalter wird die Kleinstadt von einer Wehrmauer mit 13 Türmen und vier Toren umgeben. Aus der Luft betrachtet hat die Altstadt die Form einer Raute. Beim Näherkommen füllt sich die Raute mit Gassen, Brunnen, Cafés und Gasthöfen.

➲ Die Befreiungshalle wurde im Auftrag von König Ludwig I. von Bayern erbaut.

DEN TEUTSCHEN
BEFREIUNGSKAEMPF
LUDWIG I
KOENIG VON BAYE
MD CCLXIII

Der Fünf-Flüsse-Radweg verlässt den Main-Donau-Kanal und zieht sich über dem 512 Meter hohen Staufer Berg. Unterwegs bestimmen Felder und Wälder das Panorama der Fränkischen Alb. Neumarkt in der Oberpfalz ist die nächste größere Stadt am Weg. Das Thema Bier und Braukunst spielt eine wichtige Rolle: Vor Ort gibt es drei Privatbrauereien.

Weiter geht es am Ludwig-Donau-Main-Kanal. Arbeiter stellten den »Alten Kanal«, wie man auch sagt, nach zehn Jahren Schwerstarbeit 1846 fertig. Viele der 100 Schleusen, der Häfen und Brücken sind bis heute intakt. Wir steuern durch den 25 000 Hektar großen Nürnberger Reichswald, in dem Kiefern und Fichten das Bild bestimmen. Das heutige Natura-2000-Gebiet war einst ein königlicher Bannforst und überdauerte die Landgier der umliegenden Siedlungen. Voraus liegt Nürnberg. Bis in unsere Tage wird die Altstadt von dicken Mauern mit 80 Türmen umgeben. Die lebendige Geschichte der Meistersingerstadt reicht bis ins Jahr 1050 zurück. Ihr spürt man am besten auf der Kaiserburg nach. Mächtig wacht sie über Nürnberg. Das Bollwerk wurde mehrfach belagert, niedergebrannt und aus den Trümmern neu errichtet. Hier schlug das Herz Nürnbergs.

Überraschungen der Fränkischen Alb

Der Fünf-Flüsse-Radweg verlässt die Frankenmetropole entlang des Wöhrder Sees gen Osten und folgt der Pegnitz. In Lauf an der Pegnitz ragt mitten im Fluss das Wenzelschloss auf, eine ehemalige Kaiserresidenz. Im mittelalterlichen Stadtkern umfängt uns der Charme fränkischer Architektur. Es gibt viel zu entdecken: etwa das alte Rathaus, die Stadtkirche und das Industriemuseum Lauf, in dem man bis heute das Wasser der Pegnitz nutzt.

Mit jedem Kilometer in Richtung Fränkische Alb wird es ruhiger. Wir erklimmen einen bewaldeten Hügel und sausen Sulzbach-Rosenberg entgegen. Das Städtchen sitzt auf einem Felsplateau. Sehenswert sind das blütenweiße Schloss

➲ Das Wenzelschloss ist eine ehemalige Kaiserresidenz auf einer Insel in der Pegnitz in der fränkischen Stadt Lauf an der Pegnitz.

Hinter Essing erhebt sich eine steil aufragende Felswand.

Bamberg
Bayreuth
Fichtelgeb.
Forchheim
Erlangen
Lauf an der Pegnitz
Vils
Naab
Fürth
Nürnberg
Amberg
Neumarkt
in der Oberpfalz
Beilngries
Regensburg
Altmühl
Kelheim
Donau
Ingolstadt
50 km
Landshut

WELTENBURG

Fränkischer WasserRadweg

Wenn Radler eines lieben, dann am Wasser entlangzurollen. Wenn die Wege obendrein so gepflegt sind wie in Mittelfranken, kann nicht mehr viel schiefgehen. Der Fränkische Wasser-Radweg lädt zu einer großen Runde ein. Sie unterteilt sich in drei Schleifen. Die Flüsschen Rezart, Altmühl, Wörnitz und Tauber bilden die Leitlinie. So geht es vom Altmühlsee zum Brombachsee und weiter zum Rothsee. Wie es sich für einen neuen Routentipp gehört, hier die Geheimtipps der Tour: Machen Sie in den Städtchen Wolframs-Eschenbach und Berching Station! Beide haben sich ihr historisches Bild samt den Türmen und Plätzen bewahrt, für Radler ideale Übernachtungsorte. Genauso wie Ansbach, Roth, Neumarkt in der Oberpfalz, Dinkelsbühl und Rothenburg ob der Tauber (www.fraenkischer-wasserradweg.de).

und das gotische Rathaus mit einem verzierten Stufengiebel. Staunend rollt man an der 2002 stillgelegten Maxhütte vorbei und strampelt über welliges Terrain nach Amberg. Das mit Arkaden geschmückte Rathaus bildet zusammen mit der 92 Meter hohen Hallenkirche St. Martin die Blickfänge des Zentrums. Mittendrin fließt die Vils gen Süden. Das Flüsschen leitet uns unter einem doppelbögigen Wassertorbau hindurch, der Stadtbrille. Anschließend verläuft die Etappe auf der Trasse der 1988 eingestellten Bahnstrecke Amberg–Schmidmühlen. Leicht erhöht über dem Tal und den Dörfern steuern wir den Flussschleifen nach.

In Kallmünz mündet die Vils in die Naab, den fünften Fluss der Runde. Die »Perle des Naabtales« entwickelte sich Anfang des 20. Jahrhunderts zu einer Künstlerkolonie. Hier wirkten Wassily Kandinsky, Gabriele Münter und Josef Georg Miller. Durch eine liebliche Wald- und Wiesenlandschaft geht die Abfahrt weiter. Unterwegs erblicken wir am Ufer das Kloster Pielenhofen, das Zisterzienserinnen 1240 gründeten. Heute wohnen hier Schwestern des Ordens der Salesianerinnen. Sie übernehmen seit 1981 die Betreuung und Erziehung der jüngsten Regensburger Domspatzen, deren Chorgeschichte über ein Jahrtausend zurückreicht. Zwölf Kilometer entfernt kommt die Stadtsilhouette von Regensburg mit ihren Türmen und den Donaubrücken in Sicht. All die Pracht gehört seit 2006 zum UNESCO-Welterbe. Ein würdiger Schlusspunkt der mit Sehenswürdigkeiten gespickten Reise.

Gut zu wissen

SCHWIERIGKEIT Leicht

WEGLÄNGE 306 km

CHARAKTER Die ruhige Strecke verläuft meist auf Kies und asphaltierten Radwegen. Zudem fährt man über Nebenstraßen. Die Topografie fordert Radler nur auf wenigen Abschnitten.

WEGMARKIERUNG Die Tour ist mit dem Schriftzug »Fünf Flüsse Radweg« und fünf Wellensymbolen markiert.

E-BIKE Auf der Webseite www.fuenf-fluesse-radweg.info und www.stromtreter.de sind die offiziellen Ladestationen für E-Bikes gelistet.

AUSGANGSPUNKT Nürnberg

ENDPUNKT Nürnberg

AN- UND ABREISE Als Start und Endpunkt bieten sich die Bahnknotenpunkte Regensburg und Nürnberg an. Unterwegs kann man in vielen Städten in den Zug einsteigen und Teilstücke überbrücken.

TOURISTINFO Landkreis Amberg-Sulzbach, www.fuenf-fluesse-radweg.info; Tourismusverband Ostbayern e. V., www.ostbayern-tourismus.de; Bayern Tourismus Marketing GmbH, www.bayern.by und www.bayerninfo.de/rad

Die Stadt Berching ist ein beliebtes Ziel für Radler.

Das Naturschutzgebiet Weltenburger Enge sorgt für spektakuläre Ausblicke.

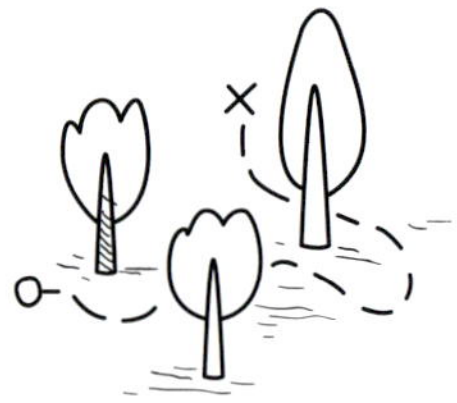

Radwege im Süden

Weitere Touren im Überblick

RADWEG LIEBLICHES TAUBERTAL

Der Radweg durch das Taubertal ist einer, der vom Start weg beeindruckt. Alleine an Rothenburg ob der Tauber kommt keiner vorbei. Diese vielen Türme, diese Fachwerkgassen. Beschwingt klettert man auf den Sattel und merkt nach ein paar Flussschleifen, warum das Taubertal den Beinamen »lieblich« trägt. Hinter jeder Talbiegung möchte man anhalten und schauen. Meist rollt es angenehm bergab. Alle Städte am Weg stellen ihr historisches Bild zur Schau: Creglingen ist eine Fachwerk-Parade. Bad Mergentheim beeindruckt mit seinem Deutschordensschloss. Und das Reiseziel die Altstadt von Wertheim liegt malerisch an einer Schleife des Mains und wird von einer Burg bewacht.

AUSGANGSPUNKT
Bahnhof in Rothenburg ob der Tauber
ENDPUNKT
Bahnhof in Wertheim
WEGLÄNGE
100 km

ROMANTISCHE STRASSE

Radler, die Städte besuchen möchten, sollten der Romantischen Straße folgen. Bis auf Augsburg und Würzburg sind diese an der Strecke klein geblieben und haben sich im Kern ihr kulturelles Erbe erhalten. Wer in Füssen startet und gen Norden strampelt, bekommt 600 Höhenmeter geschenkt. Der Radweg serviert ein Best-of der süddeutschen Landschaften: Allgäuer Alpen, Alpenvorland, Donautal, Nördlinger Ries und zum Finale die Täler von Tauber und Main. Das Gute, die Radtour verläuft abseits der Autoroute. Im ersten Reisedrittel die bunten Fassaden der Altstädte von Landsberg am Lech und Donauwörth. Später die Fachwerkhäuser in Dinkelsbühl, Bad Mergentheim und Würzburg.

AUSGANGSPUNKT
Bahnhof in Füssen
ENDPUNKT
Bahnhof in Würzburg
WEGLÄNGE
440 km

BURGENSTRASSE-RADWEG

Rund 70 Burgen und Schlösser sollen am Burgenstraßen-Radweg liegen. Friedlich sitzen sie auf ihren Anhöhen und weisen den Weg durch die Lande. Vom Neckar über die Flüsschen Kocher, Jagst, Tauber, Altmühl und Regnitz zum Main. Wie ein Ritter zieht man von Hof zu Hof. Freuen Sie sich auf Heidelberg, Schwäbisch Hall, Rothenburg ob der Tauber, Nürnberg, Bamberg, Coburg, Bayreuth und die vielen kleinen Schmuckkästchen-Altstädte dazwischen. Einen Haken gibt es auf der stillen Naturfahrt: das Rauf und Runter zwickt in den Beinen. Linderung verspricht eine Fahrt per E-Bike. Was wohl die Menschen im Mittelalter zu so einer Wundermaschine gesagt hätten?

AUSGANGSPUNKT
Bahnhof in Mannheim
ENDPUNKT
Bahnhof in Bayreuth
WEGLÄNGE
950 km

Fahrt über die Alte Mainbrücke in Würzburg

25

Naabtal-Radweg

Eins, zwei oder drei? Alle!

Die Täler im Osten Bayerns sind beschaulich: Wer hier Fahrrad fährt, kommt zur Ruhe. Die Naab speist sich durch mehrere Quellflüsse, denen man folgen kann. Die Reise beginnt im Fichtelgebirge oder im Oberpfälzer Wald. Ihr Ende markiert das Ufer der Donau. Dazwischen liegen Wälder, Wiesen und Kleinstädte.

Die Naab entwässert große Teile der Oberpfalz. Radler können ihre Fahrt an drei Quellflüssen beginnen. Fällt die Wahl auf den längsten, so beginnt die Tour mit dem Waldnaabtal-Radweg. Die Waldnaab springt eilig über moosbewachsene Steine. In einem Auf und Ab radelt man mit einem weitreichenden Ausblick durch den dünn besiedelten Landstrich. Die Strecke nutzt den 25 Kilometer langen Vizinalbahnradweg. Ab 1872 pendelten Züge durch den Oberpfälzer Wald. 1989 legte man die Bahnstrecke still und entschied sich, einen Radweg anzulegen.

Die Kreisstadt Tirschenreuth markiert das Zentrum im »Land der 1000 Teiche«. Hier leben Schwarzstorch, Eisvogel und Moorfrösche. Der Fluss taucht in den Talabschnitt des Naturschutzgebietes Waldnaabtal ein. Immer wieder kreuzt die Fahrspur das Gewässer, aus dem bis zu 50 Meter hohe Granitfelsen wie Relikte einer längst vergangenen Epoche ragen. Der Radweg erreicht die Altstadt von Weiden. Vom Unteren Tor bis zum Oberen Tor reiht sich am Marktplatz Giebelhaus an Giebelhaus. Unterbrochen wird das Ensemble durch den Prachtbau des Alten Rathauses, das mit seinem Glockenspiel die Blicke anzieht.

Perle des Naabtals

In Weiden empfiehlt man Gästen einen Besuch des Internationalen Keramikmuseums. Es zeigt antike Exponate neben Werken aus dem Vorderen Orient. Eine entspannte Wegstunde südlich strömt rechter Hand die Haidenaab herbei. Zusammen mit dem Wasser der Waldnaab fließt sie unter dem Flussnamen Naab der Donau entgegen. Spannend wird es in der hoch über dem Tal sitzenden Kleinstadt Nabburg. Eine fast komplett intakte Befestigungsmauer schließt die Altstadt ein. Durch das Mähntor

➲ Der Marktplatz von Weiden lädt zu einer Rast ein.

EIS CAFE
PICCOLA VENEZIA
EIS CAFE'

und das Obertor gelangt man ins Zentrum mit seinen bunt angemalten Häuserfassaden. Am östlichen Flussufer kommt das Oberpfälzer Freilandmuseum in Sicht. Die Gebäude veranschaulichen die Lebens- und Arbeitsweise der letzten 300 Jahre. Auf den Weiden bekommt man alte Haustierrassen zu sehen. Eine Stunde entfernt taucht Schwandorf aus der Niederung auf. Hier bietet sich eine Gelegenheit, in die Unterwelt einzutauchen. Das Felsenkeller-Labyrinth reicht mehrere Etagen tief in den Dogger-Sandstein. Vor Jahrhunderten schlug man 60 Hohlräume zur Gärung und Lagerung des Schwandorfer Biers aus.

Nach Burglengenfeld und der größten Festungsanlage der Oberpfalz gibt Kallmünz ein erstklassiges Motiv ab. Die »Perle des Naabtals« bewacht mit ihrer Burg die Mündung der Vils. Bunte Häuschen ziehen sich malerisch zwischen dem Fluss und einer Felswand in die Länge. Vor der Pfarrkirche St. Michael schwingt sich die fünfbögige Steinbrücke mit Eisbrechern über das Wasser. Der idyllische Marktflecken zog seit Beginn des 20. Jahrhunderts Maler an.

Haidenaab-Radweg

Von hier aus sind es 22 Kilometer bis ans Ziel. Unterwegs spiegelt sich das Kloster Pielenhofen im Wasser. Eindrucksvoll gibt sich der Innenraum der Klosterkirche. Vorne der spätbarocke Hochaltar mit acht Säulen, oben ein Gemälde mit dem Motiv der Dreifaltigkeit aus der Hand des Barockmalers Jacob Carl Stauder. Radler, die hinter der Mündung der Naab in die Donau stromabwärts fahren, können ihre

Die Steinerne Brücke in Kallmünz quert die Naab.

Tour in Regensburg ausklingen lassen. Die Stadt ist alles in einem: UNESCO-Weltkulturerbe, Bischofssitz, Fürstenglanz, Geschichtsbuch, Gassenlabyrinth. Regensburg ist zudem elegant, traditionell, charmant.

Der Haidenaab-Radweg beginnt in Bayreuth. Seinen Ruf verdankt die Stadt dem Markgräflichen Opernhaus. 2012 erhob die UNESCO den Prachtbau zum Welterbe. Groß aufgetragen wird im Juli und August bei den Richard-Wagner-Festspielen auf dem Grünen Hügel. Das Festspielhaus errichtete man eigens für den Komponisten. Die Tour verlässt das Maintal, läuft mit weit ausholenden Kurven durch das Oberpfälzische Hügelland. Der Blick schweift über sanfte Kuppen. Dazwischen liegen Siedlungen wie Weidenberg, Fenkensees oder Seybothenreuth.

Radfahren im Oberpfälzer Wald

Ein Fahrrad oder E-Bike sind ideale Gefährten, um die Landstriche des Oberpfälzer Waldes kennenzulernen. Die Touristiker setzen auf sanften Tourismus und sind stolz auf das weitverzweigte Streckennetz. Das neueste Aushängeschild ist die Oberpfälzer Radl-Welt, eine 500 Kilometer lange Hauptroute mit sechs Erlebniswelten. Dazu hat man Radrouten am Wasser beschildert. Zum Genussradeln laden mehrere Bahntrassenradwege ein. Fernradler zieht es auf die internationalen Wege. Die Infrastruktur für E-Biker mit ihren Verleih- und Ladestationen kann sich sehen lassen, der Radlerbus sowieso. Diesen gibt es gleich zweimal am Bayerisch-Böhmischen Freundschaftsweg und am Bockl-Radweg (www.oberpfaelzerwald.de).

Fichtelnaab-Radweg

In der Nähe von Speichersdorf ist das Quellgebiet der Haidenaab erreicht. Das Terrain führt wieder bergab. Einen echten Augenschmaus bietet der rund um Kemnath angelegte Karpfenweg, der durch 19 bunt bemalte Karpfenskulpturen glänzt.

Die dritte Strecke verläuft auf dem Fichtelnaab-Radweg in Richtung Süden. Der Luftkurort Fichtelberg markiert auf einer Höhe von 730 Metern den Startpunkt. Die Räder brausen zu Tal. Am Wegrand liegen die Geotope »Grünland« und »Föhrenbühl« mit ihren aus dem Boden ragenden Gesteinsformationen.

Gepflegt ist der Abschnitt zwischen Erbendorf und Krummennaab. Er läuft über eine ehemalige Bahntrasse. Kurz vor Windischeschenbach weckt ein 83 Meter hoher Turm die Neugierde. Der Standort wurde für ein geowissenschaftliches Großforschungsprojekt ausgewählt. Dabei unternahm man eine der weltweit bedeutendsten Tiefbohrungen in die Erdkruste. Radler mit Forscherdrang spazieren ins Informationszentrum und fahren anschließend dem Naab-Radweg entgegen.

Gut zu wissen

SCHWIERIGKEIT Mittel

WEGLÄNGE Naabtal-Radweg + Waldnaabtal-Radweg 172 km; Naabtal-Radweg + Haidenaab-Radweg 182 km; Naabtal-Radweg + Fichtelnaab-Radweg 169 km

CHARAKTER Die drei Routen beinhalten asphaltierte und geschotterte Wege. Im oberen Bereich der Naabzuflüsse gibt es mehrere Anstiege.

WEGMARKIERUNG Die Strecke ist am Schriftzug »Naabtal-Radweg« und am Kürzel »Na« zu erkennen. Auch die Nebenrouten sind beschildert.

E-BIKE Auf der Webseite www.ostbayern-tourismus.de bekommen E-Biker Infos zu Verleihstationen.

AUSGANGSPUNKT Silberhütte, Fichtelberg oder Bayreuth

ENDPUNKT Regensburg

AN- UND ABREISE Zur Silberhütte und nach Fichtelberg muss man mit dem Fahrrad strampeln. Bayreuth hat einen Bahnhof und ist Ziel von Fernbussen, ebenso Regensburg.

TOURISTINFO Tourismusverband Ostbayern, www.ostbayern-tourismus.de, www.oberpfaelzerwald.de

Das Kloster Pielenhofen wurde im Jahr 2010 aufgegeben.

Der Haidenaab-Radweg beginnt in Bayreuth – hier der Markgrafenbrunnen vor dem Neuen Schloss.

Die Altstadt von Regensburg gehört seit 2006 zum UNESCO-Welterbe und verzaubert mit gut erhaltenen Bauwerken aus dem Mittelalter wie der Steinernen Brücke sowie dem Dom St. Peter.

26

Donau-Radweg

Grenzenloses Radeln bis zum Schwarzen Meer

Die junge Donau zieht sich mit sanften Schwüngen durch Süddeutschland. Wer ihr auf dem Fahrrad folgt, erlebt historische Städte, spektakuläre Durchbruchstäler und weite Felder. Eine knapp 600 Kilometer lange Reise vom Schwarzwald bis nach Passau.

Kann ein Fluss, der soeben noch munter vor sich hingezogen ist, plötzlich verschwinden? Ja, Europas zweitlängster Strom kann das! Die Stelle, an der das Wasser verschwindet, nennt man Donauversickerung. Sie liegt bei Flusskilometer 2755, die zweite Besonderheit des Weges. Denn man zählt bei der Donau vom Schwarzen Meer rückwärts. Radler erleben somit auf dieser Tour einen Countdown. Die Donau entsteht durch die Vereinigung von Brigach und Breg. Im Donaueschinger Schlosspark blicken zwei Marmorstatuen auf die Donauquelle und weisen den Weg gen Osten. In diese Richtung senkt sich die Hochfläche der Baar ab und gibt die Reiserichtung vor.

Staunend geht es ins Herz des Naturparkes Obere Donau hinein. Hier grub sich der urzeitliche Fluss durch die Schichtstufenlandschaft der Schwäbischen Alb. Zu beiden Seiten erheben sich steile Jurafelsen 150 Meter aus dem Tal. Hoch oben nehmen, wie von einem Maler in Szene gesetzt, Burgen die Logenplätze ein. Der Radweg passiert das Kloster Beuron und erreicht Sigmaringen.

Natur, Geschichte und Bier

Beim Näherkommen zieht das über der Stadt errichtete Schloss Sigmaringen die Blicke auf sich. Es beherbergt neben Kunstschätzen aus neun Jahrhunderten eine der größten privaten Waffensammlungen Europas. In den nächsten Stunden fallen die Hügel ab. Sie machen Platz für die Stadt Ulm. Das Ulmer Münster war noch nicht erdacht, da durchzogen mit der Donau-Nord-Straße und der Albstraße zwei Handelswege die heutige Universitätsstadt. Ende des 19. Jahrhunderts vollendete man das spätgotische Bauwerk mit seinem 161 Meter hohen Kirchturm, dem höchsten der Welt. Turmbesteiger, die sich von den 768 Stufen nicht abschrecken lassen, genießen einen Panoramablick auf das Umland der Donau-Doppelstadt. Auf dem Weg nach Osten bestaunen Radler in Donauwörth in der Reichsstraße die bunten Hausfassaden und wechseln bei Neuburg zum Südufer der Donau. Dort steht das von Arkaden gesäumte Neuburger Schloss seit fünf Jahrhunderten anmutig im Wasser kopf. Hinter den dicken Mauern residiert die

Das Ulmer Münster wurde 1890 vollendet.

Passau–Wien

Leicht dahinrollen, abends ein Gläschen Wein oder zwei und natürlich die herzhafte Küche Österreichs – wenn es ums Genießen geht, ist die Tour von Passau nach Wien für viele die erste Wahl. In Oberösterreich besichtigt man eines der Klöster, spaziert hinauf zum Aussichtspunkt Schlögener Schlinge und bummelt durch die Gassen der Landeshauptstadt Linz. Es ist anschließend eine Wonne, durch die liebliche Wachau zu reisen: Weinreben hier, Kultur dort und dazwischen die schöne blaue Donau. Sie nimmt uns mit in Richtung Wien. Ach, Wien! An kaum einem anderen Ort in Mitteleuropa prallt die Geschichte alter Adelshäuser mit so großer Wucht auf die Moderne. Und jetzt mit einem Flusskreuzfahrtschiff gemütlich zurück nach Passau schippern!

Staatsgalerie Flämische Barockmalerei. Wenig später schlagen über einem die Bäume des größten Auwaldgebietes Mitteleuropas zusammen. Abseits des Weges breiten sich Altwässer, Stauseen und Reste von Niedermooren aus. Eisvögel lauern auf Beute, Flussregenpfeifer hüpfen über die Kiesbänke, Uferschwalben graben ihre Bruthöhlen in die Lehmschichten. Wo das Grün zurückweicht, liegt Ingolstadt, die Wiege des Bayerischen Reinheitsgebotes von 1516. Be-

Schwere Entscheidung: An der Donau kann man oft an beiden Ufern entlangfahren.

Das Schloss Sigmaringen blickt von einem markanten Felssporn auf die gleichnamige Stadt und die Donau.

Das Neuburger Schloss ragt am Ufer der Donau auf.

Das Kloster Weltenburg wurde an einem der schönsten Punkte in Bayern erbaut.

1899
Donau

sucher haben die Qual der Wahl: Das romantische Kreuztor fotografieren? Zum Liebfrauenmünster laufen? Das Neue Schloss besichtigen oder die Festungsanlage Reduit Tilly inspizieren? Lohnend sind sie alle.

Von Weltenburg nach Regensburg

Radler strampeln dem nächsten landschaftlichen Höhepunkt entgegen – dem Naturschutzgebiet Weltenburger Enge. Vor 150 Millionen Jahren wogte an dieser Stelle ein flaches, subtropisches Meer. Die Korallen und Schwämme schufen aus Kalk mächtige Riffe. Ihre Relikte bilden die heutigen Felswände. Die Feinarbeit lieferte vor rund 200 000 Jahren ein Nebenarm der Urdonau, als er sich durch die Schichten grub. An der Stelle, wo die Donau einen Bogen vollzieht und sich auf einer Länge von fünf Kilometern zwischen senkrechten Felswänden hindurchzwängt, schmiegt sich das Kloster Weltenburg malerisch an einen bewaldeten Hang. Die Benediktinerabtei besitzt mit der Asamkirche eine barocke Schöpfung von europäischem Rang.

Ab Kelheim bekommt die Donau wieder Platz und zieht Regensburg entgegen. Als römische Gründung tritt die am nördlichsten Punkt der Donau gelegene Stadt in das Licht der Geschichte. Die Steinbrücke schwingt sich mit 16 Segmentbögen hinüber zum mittelalterlichen Zentrum. Dort ist jeder Stein historisch, ob an den Patriziertürmen oder am Dom St. Peter.

Weiter bis ans Schwarze Meer!

Stromabwärts bauen sich linker Hand die Ausläufer des Bayerischen Waldes auf. Die Donau durchzieht die »Kornkammer Bayerns« – den Gäuboden und nimmt Radler mit nach Straubing. Vom Theresienplatz über die breite Marktstraße mit ihrem 68 Meter hohen Stadtturm bis zum Passauer Tor reiht sich eine farbenprächtige Hausfassade an die andere. Bedeutend ist das Gäubodenmuseum. Es präsentiert neben dem weltberühmten Straubinger Römerschatz Schmuck- und Waffenstücke der Bajuwaren. Die Reise setzt zum Finale an. Das Terrain ist nun vollkommen eben. Es rollt. Dann taucht am Horizont das Ziel auf – Passau. Barocke Elemente schmeicheln dem Auge, Kirchen und Festungen ragen in den Himmel. Ob ein Besuch im St.-Stephans-Dom mit der größten Domorgel der Welt, im Domschatz- und Diözesanmuseum in der neuen Bischöflichen Residenz oder ein Spaziergang zur Burganlage Veste Oberhaus – die Liste der Sehenswürdigkeiten lässt sich beliebig erweitern. In Passau beginnt der nächste Abschnitt. Ein andermal heißt es wieder Taschen ans Fahrrad, Lenker gen Osten. Weiter der Donau nach via Wien und Budapest bis zum Schwarzen Meer!

Straubing empfängt Reisende mit einem weitläufigen Stadtplatz.

Am Reiseziel Passau sollte man am besten eine Nacht bleiben, denn es gibt viel zu sehen.

Passau liegt am Zusammenfluss von Donau, Inn und Ilz.

Gut zu wissen

SCHWIERIGKEIT Leicht

WEGLÄNGE 587 km

CHARAKTER Der familienfreundliche Donau-Radweg führt stetig bergab und weist nur wenige Kurzanstiege auf. Die Fernroute verläuft meist auf eigenständigen Radwegen, die überwiegend asphaltiert sind.

WEGMARKIERUNG Schilder mit Schriftzug »Deutsche Donau« über »Donau-Radwanderweg«

E-BIKE Auf www.deutsche-donau.de und www.stromtreter.de sind neben Radverleihen auch E-Bike-Ladestellen verzeichnet.

AUSGANGSPUNKT Donaueschingen

ENDPUNKT Passau

AN- UND ABREISE Der Startort Donaueschingen und das Reiseziel Passau verfügen über eine gute Bahnanbindung. Unterwegs gibt es am Donau-Radweg viele Haltestellen.

TOURISTINFO ARGE Deutsche Donau, www.deutsche-donau.de;
Tourismus Marketing GmbH Baden-Württemberg, www.tourismus-bw.de;
Bayern Tourismus Marketing GmbH, www.bayern.by und www.bayerninfo.de/rad

27

Bodensee-Radweg

Bummeln, baden, Bodensee

Warum die Runde um den Bodensee zu den beliebtesten Touren Europas zählt, liegt auf der Hand. Die Wege verlaufen oft flach am Wasser. Man lernt drei Länder kennen und macht in historischen Kleinstädten Station. Und ständig lockt ein Seebad.

Einmal im Leben um den Bodensee! Ein Traum von vielen Radlern, der sich leicht realisieren lässt. Zu Beginn stellt sich die Frage: rechts- oder linksrum fahren? Die meisten wählen den Uhrzeigersinn. So geht es auf der Seeseite lang und man genießt oft eine freie Sicht auf die Alpen. Wer andersherum fährt, hat den Verkehr zwischen sich und dem Wasser.

Konstanz liegt an der Schnittstelle vom Überlinger See zum Untersee. Durch die Nähe zu den Eidgenossen haben die »Hochhäuser« des Mittelalters den Zweiten Weltkrieg überdauert. So kann man heute durch ein Geschichtsbuch spazieren und die Schönheit der herrschaftlichen Gebäude bestaunen.

Westlich von Konstanz liegt die Insel Reichenau. Radler rollen über den von Pappeln gesäumten Damm auf das größte Eiland des Bodensees. Die »Richen Ow« wurde im Jahre 2000 mit der Kirche St. Peter und Paul, dem Münster St. Maria und Markus sowie der St.-Georg-Kirche zum UNESCO-Welterbe gekürt. Der Untersee verästelt sich in den Gnadensee, den Zeller See und den Rheinsee. Alle drei steuert der Radweg hintereinander an.

Vielfalt am Bodensee

Am Hochrhein angekommen, grüßt die Stadtsilhouette von Stein am Rhein mit ihren prächtigen Fachwerkhäusern. Staunend schieben wir unsere Fahrräder zwischen den bunt bemalten Bürgerhäusern hindurch, die mit ihren stattlichen Erkern imponieren. Zurück in Konstanz vollführt die Route eine 180-Grad-Drehung und führt um den Überlinger See herum.

Die Blumeninsel Mainau lädt zum nächsten Stopp. Sie profitiert von dem milden Bodenseeklima. So ist es nicht verwunderlich, dass sich hier Palmen, Riesenmammutbäume und Zedern neben Tulpenbäumen wohlfühlen. Herzstück der 45 Hektar großen Insel sind die farbenfrohen Blumenbeete, die rund ums Jahr Besucher anlocken. Anschließend

Stein am Rhein mit seiner sehenswerten Altstadt

zwingt uns eine 160-Höhenmeter-Steigung aus dem Sattel. Untrainierte Radler können die Kletterpassage mit dem Schiff umfahren. Wer sich der Herausforderung stellt, den erwartet die reizvolle Wald- und Wiesenlandschaft des Bodanrücks.

In Unteruhldingen erzählt das rekonstruierte Pfahlbaudorf von den ersten Siedlern (4300–850 v. Chr.) der Bodenseeregion. Das Museumsareal umfasst sowohl Gebäude an Land als auch zu Wasser, in denen Alltagsgeräte der Stein- und Bronzezeit vorgestellt werden. Nach der Zeitreise nehmen wir Kurs auf Meersburg, das sich von der gleichnamigen Festung behütet an einem Weinberg ausstreckt. Stilvolle, von Fachwerk eingerahmte Plätze wechseln sich mit steil ansteigenden Gassen ab, die die Unter- und Oberstadt auf das Angenehmste verbinden. Knapp zwei Radstunden trennen uns von Friedrichshafen.

Zeppelin, Strandbäder und Festspiele

Die Messestadt wurde im Jahr 1900 mit dem Erstflug von »Luftschiff Zeppelin 1« schlagartig weltberühmt. Wer sich mit den Errungenschaften der Luftfahrt vertraut machen möchte, findet in Friedrichshafen mit dem Zeppelin Museum und dem Dornier Museum zwei sehenswerte Ausstellungen.

Der Bodensee-Radweg hangelt sich am Ufer entlang. Ein Strandbad in Bad Schachen, ein Schwimmbad in Wasserburg, dann der Strand Malerwinkel. Man könnte kurze Etappen fahren und würde doch viel erleben. So auch in Lindau. Als Startpunkt für einen Spaziergang bietet sich der Seehafen an. Dort wachen der steinerne Bayerische Löwe und der Neue Leuchtturm über das »Schwäbische Meer«. Weit fliegt der Blick über das Wasser bis hin zu den Bergen.

Bei dem Anblick der historischen, farbenfrohen Stadthäuser mit ihren prächtigen Schaufassaden lässt es sich gut ausmalen, wie es hier vor Hunderten von Jahren ausgesehen hat. Wir verlassen die Insel über einen Damm und steuern Österreich an. Zu Füßen des Bregenzer Waldes liegt im Dreiländereck die Landeshauptstadt von Vorarlberg. Fällt ihr Name, denken viele an die Festspiele. Gäste spazieren zum Kunsthaus Bregenz, das in einem lichtdurchfluteten

Rhein-Route 2

In den Bergen Graubündens oder am Bodensee? Wo ist es schöner? Wer es herausfinden möchte, radelt dem Rhein-Radweg entlang. Er verbindet Natur- und Kulturerlebnisse auf das Angenehmste. Meist leicht abschüssig rollt es sich durch den sich allmählich weitenden Talboden. Die kulturellen Höhepunkte: Chur, Bad Ragaz, Bregenz, Lindau und Konstanz. Im nationalen Routennetz der Schweiz trägt der Rhein-Radweg die Nummer 2. Man kann die Fahrt am Vorderrhein beginnen oder am Hinterrhein. Beides lohnt sich!

An der Hafenmole von Lindau wachen der Bayerische Löwe und der Neue Leuchtturm über das »Schwäbische Meer«.

Bau des Pritzker-Preisträgers Peter Zumthor residiert. Seit der Eröffnung 1997 zeigt das Haus wechselnde Ausstellungen zeitgenössischer Kunst.

Vom Rheindelta zum Schweizer Ufer

Am Ende der Promenade von Bregenz dehnt sich das Naturschutzgebiet Rheindelta aus. Es reicht im Osten von der Mündung der Dornbirner Ach bis zur Schweizer Grenze im Westen. Die Radroute wirft mehrere Schleifen ins Grün. Das Delta umfasst 2000 Hektar Fläche: Flachwasser, Schilfröhrichte, Feuchtwiesen, Auwälder. Hier leben über 330 Vogelarten.

Die nächste Station ist Rorschach, das Radler mit einer repräsentativen Hafenfront empfängt, dessen Schmuckstück das im 18. Jahrhundert erbaute Kornhaus ist. Heute beherbergt das vom Baumeister Giovanni Caspare Bagnato errichtete Speicherhaus das Heimatmuseum, das sich mit der Stadtgeschichte und den Seelandschaften befasst. Rote, weithin sichtbare Routenschilder lenken uns nach Arbon, das sich auf einer von Obstbäumen umgebenen Halbinsel ausbreitet. Die Reststrecke führt über Romanshorn und bietet die schönen Seiten des Genussradelns. In Konstanz schließt sich der Kreis um den Bodensee.

Gut zu wissen

SCHWIERIGKEIT Leicht

WEGLÄNGE 261 km

CHARAKTER Hinter dem Ort Wallhausen gibt es eine längere Steigung. Sonst ist das flache Terrain ideal zum genussvollen Radeln.

WEGMARKIERUNG In Deutschland ein Radler mit blauem Hinterrad, in der Schweiz die roten Streckenschilder der Rhein Route Nr. 2. und in Österreich die lokalen Radschilder

E-BIKE Auf der Webseite www.bodensee.eu sieht man Verleih-Ladestationen für E-Bikes.

AUSGANGSPUNKT Konstanz

ENDPUNKT Konstanz

AN- UND ABREISE Rund um den Bodensee gibt es viele Haltestellen. So kann man Teilstücke mit dem Zug überbrücken.

TOURISTINFO Internationale Bodensee Tourismus GmbH, www.bodensee.eu; Tourismus Marketing GmbH Baden-Württemberg, www.tourismus-bw.de; Ostschweiz-Tourismus, www.ostschweiz.ch

- An der Uferpromenade von Bregenz kann man romantische Sonnenuntergänge genießen.
- Das milde Klima um den Bodensee bietet Obstbauern gute Erträge.
- Die Altstadt von Lindau nimmt die gesamte Insel im Bodensee ein.

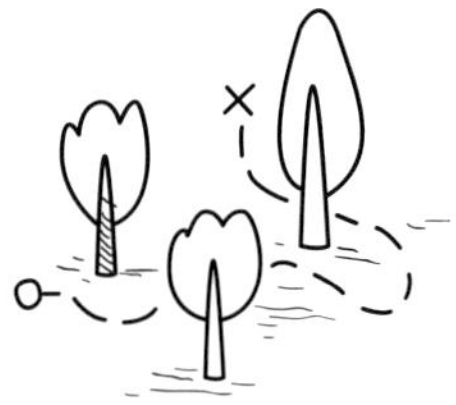

Radwege im Süden

Weitere Touren im Überblick

OBERSCHWABEN-ALLGÄU-RADWEG

Oberschwaben ist das Land der weiten Horizonte. Der Oberschwaben-Allgäu-Radweg verbindet die Höhepunkte zwischen der Donau im Norden und den Allgäuer Alpen im Süden. Als Start- und Zielort bieten sich Ulm, Bad Wurzach, Wangen und Bad Saulgau an. Man nennt die Region auch Himmelreich des Barocks. Ihr Aushängeschild sind die prachtvollen Klöster und Kirchen. Der Rundkurs bringt es auf rund 3000 Höhenmeter. Gut, dass es in Oberschwaben ein dichtes Netz an Verleih- und Ladestationen für E-Bikes gibt. Wer tagsüber ordentlich Höhenmeter sammelt, für den sind die vielen Badeorte ein Segen. Ebenso die ruhigen Stunden durch Wiesen, Wälder und Flusstäler.

AUSGANGSPUNKT
Bahnhof in Ulm
ENDPUNKT
Bahnhof in Ulm
WEGLÄNGE
357 km

VIA CLAUDIA AUGUSTA

Wo sich einst Legionäre über das Gebirge mühten, genießen Radler heute gute Wege. Die Reise beginnt in Donauwörth und führt malerisch durch das Alpenvorland. Nachdem man die Königsschlösser bestaunt hat, geht es durch Tirol. Dem Fernpass entgegenschnaufen, runter ins Inntal und wieder hinauf zur Schweizer Grenze. Dort baut sich das letzte Hindernis der Strecke auf – der Reschenpass. Oben ist es geschafft. Voraus liegt Italien. Ein neues Land, eine neue Beschilderung, neue Eindrücke. Vergnügt rollt man den Vinschgau hinunter. In Trient steht eine Entscheidung an. Die Via Claudia Augusta in Ostiglia am Ufer des Flusses Po beenden? Oder in Venedig?

AUSGANGSPUNKT
Bahnhof in Donauwörth
ENDPUNKT
Bahnhof in Venedig oder Ostiglia
WEGLÄNGE
750 oder 685 km

RADWEG MÜNCHEN–REGENSBURG–PRAG

Für Münchner Radler gibt es einen guten Weg, um ruhig aus der Metropole herauszukommen. Man rollt einfach durch den Englischen Garten nach Nordosten. Irgendwann greifen die Kronen des Auwaldes längs der Isar ineinander. Hinter Freising steht der erste Kulissenwechsel an. Es geht durch die Hügel der Hallertau. Verschlafene Dörfer schmiegen sich in Wälder und Flächen voller Hopfengestelle. Dann die spektakulärste Landschaft der Reise – der Donaudurchbruch. Radler holpern in Regensburg über die Steinerne Brücke und lassen sich von den Routenschildern den Weg in den Bayerischen Wald zeigen. Voraus liegt Tschechien und eine der schönsten Städte des Kontinents – Prag.

AUSGANGSPUNKT
Hauptbahnhof in München
ENDPUNKT
Bahnhof in Prag
WEGLÄNGE
470 km

Der Regensburger Dom gehört zu den bedeutendsten gotischen Kathedralen in Deutschland.

28

Bodensee-Königssee-Radweg

Wer ist der Schönste im ganzen Land?

Viele träumen von einer Transalptour, dabei ist es genauso spektakulär, an den Bergen entlangzufahren. Diese Strecke gilt als einer der schönsten Radwege im Lande: Vom Bodensee zum Königssee blättern Radler jeden Tag neue Seiten mit Bilderbuch-Panoramen auf. Dazu warten charmante Kleinstädte und traumhaft gelegene Biergärten.

Einmal im Leben vom Bodensee zum Königssee strampeln! Der Traum von vielen Radlern ist längst ein Klassiker. Unterwegs reißen die Höhepunkte nicht ab. Die Anstiege auch nicht.

Am Hafen von Lindau wachen der steinerne Bayerische Löwe und der Neue Leuchtturm über das »Schwäbische Meer«. Der Radweg steigt vom Ufer hinauf ins Allgäu. Das Panorama weitet sich und gibt den Blick auf die markante Nagelfluhkette frei. Darunter schmiegt sich das Schroth-Heilbad Oberstaufen an die bewaldeten Berge. Stunden später taucht rechter Hand der Große Alpsee auf, an dessen Südufer die Berghänge steil emporwachsen.

Die Route zieht sich durch offenes Grasland bergan. Hinter dem Weiler Haag erreichen wir auf knapp 1000 Metern den höchsten Punkt des Radweges. Für die Mühen entschädigt ein Panoramablick über das tief eingeschnittene Wertachtal. Am Hopfensee sind die schwersten Anstiege der Etappe geschafft, und es rollt sich entspannt hinab nach Füssen. Die Stadt liegt in traumhafter Lage im Königswinkel. Im Norden breitet sich der Forggensee aus. Im Süden erhebt sich das Ammergebirge.

Berge, Seen und Flüsse

Vom türkisblauen Lech aus fällt der Blick auf das prunkvolle Schloss Neuschwanstein, das sich an den Bergfuß des 2047 Meter hohen Säulings schmiegt. Radler steuern den Schildern »Königsschlösser« nach. Sowohl Schloss Hohenschwangau, das man nahezu steigungsfrei erreicht, als auch der weiße Prachtbau lohnen eine Besichtigung. Hinter Schwangau versiegt der Touristenstrom.

Der Radweg zieht sich durch Wiesen und hält auf die dicht bewaldeten Ammergauer Alpen zu. Nach einem Stopp an der Wieskirche, einem UNESCO-Weltkulturerbe geht es hinunter zum Murnauer Moos. Die Landschaft mit ihren

Das Schloss Neuschwanstein
verzaubert Besucher aus der ganzen Welt.

Streuobstwiesen, Wassergräben und Mooren ist Lebensraum für Hunderte von Pflanzenarten und ein Refugium für seltene Vögel und Reptilien. Darüber ragt in der Ferne das 2962 Meter hohe Zugspitzmassiv auf.

Hinter dem Kochelsee führt der Weg vorbei am Kloster Benediktbeuern, durch die Marktstraße von Bad Tölz mit ihren Lüftlmalereien, in Filzgebiete und nach Gmund am Tegernsee. Eingebettet in Wiesen erstreckt sich das knapp neun Quadratkilometer große Gewässer.

Im Süden wachsen die Waldberge des Mangfallgebirges in die Höhe. Anschließend sausen die Räder zum Inn hinunter, dem mit 460 Metern tiefsten Punkt des Radweges. Von dort ist es nicht weit zum Chiemsee. Es warten Bootsfahrten zu den Inseln Frauenchiemsee und Herrenchiemsee. Hinter Bernau läuft die Route zusammen mit dem Salinen-Radweg. Unterwegs lädt das Brunnhaus Klaushäusle zu einem Stopp ein. Es ist ein Relikt der Soleleitung Reichenhall–Rosenheim.

Reichtum durch Salz

Die Strecke bleibt sehenswert: von Grassau aus geht es zum königlichen Eisenhüttenwerk in Bergen und weiter nach Siegsdorf. Dort lohnt sich ein Besuch des Mammut-Museums.

Wir verlassen den Ort und folgen dem Lauf der Traun ins sieben Kilometer entfernte Traunstein. Die Kreisstadt erreichte mit dem Betrieb der Saline (1619 bis 1912) ihre geschichtliche Blüte, die am Stadtplatz stilvolle Bürgerhäu-

ser hervorbrachte. Auf der Weiterfahrt geht es durch Dörfer und vorbei an Bauernhöfen. Kleine Seen und Bäche laden zu Stopps ein. Bad Reichenhall bietet sich für einen längeren Aufenthalt an. Der romantischste Platz des Urlaubsortes ist der mit alten Bäumen bestandene Kurpark. Radler spazieren zum Gradierhaus und setzen sich vor dem Solebrunnen auf einen der Liegestühle. Am nächsten Morgen leitet einen die Beschilderung durch den Luftkurort. Vorbei an der alten Saline geht es dem Königssee entgegen. Mehrmals zwingt das Terrain den Radweg in die Höhe. Nachdem

Mozart-Radweg

Was ist schöner: Salzburg oder die Landschaft drumherum? Ihr berühmtester Sohn Wolfgang Amadeus Mozart reiste viel durch die Lande. Heute trägt eine Radroute seinen Namen. Sie zieht sich mit Schwüngen ins Salzburger Seengebiet und weiter ins Salzkammergut, legt ihre Schleifen in die Berge des Berchtesgadener Landes und umkurvt den Chiemsee. Mozarts Stücke sind der Soundtrack der Reise. Auf der Festung Hohensalzburg gibt es einen Marsch. Ein Klavierkonzert am Mondsee und eine Symphonie vor dem 2713 Meter hohen Watzmann.

Das ehemalige Barockkloster St. Mang ist einer der zahlreichen Höhepunkte von Füssen.

die Schlüsselstelle passiert ist, öffnet sich ein schmaler Talboden. Darüber thront das 2713 Meter hohe Watzmannmassiv. Ebenfalls einen schönen Blick auf den Giganten hat man in Berchtesgaden, das auf einem Balkon über der wild tosenden Ache sitzt.

Endspurt zu Deutschlands schönstem See

Die von Bergen eingerahmte Stadt besticht durch ihren Bauwerkmix aus verschiedenen Epochen. Das Erlebnisbergwerk ist ein echter Besuchermagnet. Auf den finalen Kilometern führt die Route entlang der wild aufschäumenden Königssee-Ache. Dann stoppen die Räder abrupt: voraus der Königssee. Schöner kann die Radtour nicht enden!

Wer den spektakulärsten See Deutschlands aus der Vogelperspektive bewundern möchte, kann mit der Jennerbahn auf 1800 Meter Höhe entschweben. Den krönenden Abschluss einer Reise auf dem Bodensee-Königssee-Radweg bildet die Fahrt mit einem Elektroboot auf dem 6,3 Kilometer langen, fjordartigen Bergsee. Radler lauschen dem Trompetensolo an der berühmten Echowand und lassen langsam die 1800 Meter hohe Watzmann-Ostwand an sich vorbeigleiten.

Die Wallfahrtskirche St. Coloman bei Schwangau geht auf das 17. Jahrhundert zurück.

Der Königssee ist Wanderern vorbehalten.

Der Chiemsee bietet sich mit tollen Ausflugszielen für einen Ruhetag an.

Gut zu wissen

SCHWIERIGKEIT Schwer

WEGLÄNGE 423 km

CHARAKTER Der erste Teil der anspruchsvollen Bergtour entlang der Alpen ist komplett asphaltiert. In der zweiten Reisehälfte stehen mehrere Schotterstücke auf dem Programm.

WEGMARKIERUNG Der blaue Schriftzug »Bodensee-Königssee-Radweg« auf weißem Grund dient als Kennzeichnung.

E-BIKE Da der Radweg einer der schwersten Deutschlands ist, lohnt es sich, ein E-Bike zu nutzen. Infos auf den Webseiten www.allgaeu.de und www.oberbayern.de

AUSGANGSPUNKT Lindau Hauptbahnhof

ENDPUNKT Schönau

AN- UND ABREISE Lindau hat einen Bahnhof und wird von Fernbussen angesteuert. Im Anschluss an die Reise geht es vom Bahnhof Berchtesgaden nach Hause.

TOURISTINFO Bayerische Fernwege e. V., Sparte Bodensee-Königssee-Radweg, c/o Alpin Consult, www.bodensee-koenigssee-radweg.de

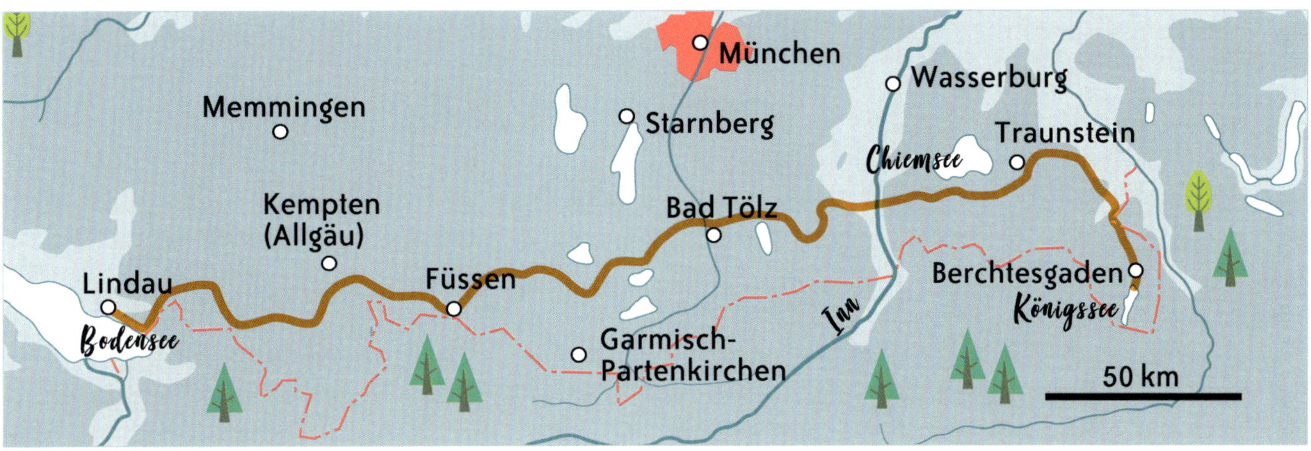

29

Isar-Radweg

Unterm weiß-blauen Himmel

Die Isar zieht auf ihrer Reise durch die schönsten Landschaften Bayerns. Karwendel, Bayerische Voralpen, Alpenvorland und Gäuboden. Der Fluss ist für die Tölzer, Münchner, Freisinger und Landshuter zugleich Lebensader wie auch Freizeitmeile. Radler genießen die Blicke auf das türkisgrüne Wasser und die stille Fahrt durch die Auwälder.

Wenn Münchner der Isar folgen, dann meist Richtung Berge. Jedes Sommerwochenende schwärmen Tausende aus. Gen Norden fährt kaum einer. Warum eigentlich? Isarradler lernen beide Seiten kennen. Das Gewässer entspringt im Karwendelgebirge in 1160 Metern Höhe. An der Seite des Baches rumpeln wir über eine für den öffentlichen Verkehr gesperrte Schotterpiste. Ein dichter Nadelwald hat seine Wurzeln in die Flanken der Berge gekrallt.

Flussabwärts fügt sich Mittenwald idyllisch in die Kulisse ein. Der Marktflecken ist bekannt als Wiege des bayerischen Geigenbaus. Dem Erwerbszweig ist nahe der Pfarrkirche St. Peter und Paul ein Museum gewidmet. Gut 50 Kilometer entfernt erwartet uns Bad Tölz. Auf der Tour hinunter in den heilklimatischen Kurort reiht sich Höhepunkt an Höhepunkt. Den Anfang macht der von Bergen umrahmte Ferienort Wallgau. Während dem Fluss teils sein Wasser abgezwackt und zum Walchenseekraftwerk geleitet wird, bestaunen Radler den engen Taleinschnitt der Oberen Isar. Auf diesen folgt der fjordartige Stausee Sylvensteinspeicher und schließlich eine herrliche Schussfahrt runter nach Lenggries.

Marktstraße von Bad Tölz

Die Jachen mündet in die Isar und diese wirft ihre Schleifen in den sich gen Norden hin verbreiternden Talboden. Vom Kiesweg führen Pfade zum Wasser. Man schiebt das Rad ans Ufer und bestaunt die Landschaft. Das Staunen setzt sich in der steil ansteigenden Marktstraße von Bad Tölz fort. Sie gehört mit ihren Bürgerhäusern zu den schönsten Straßenzügen Bayerns. Strategisch günstig am Schnittpunkt von zwei Handelsrouten gelegen, profitierte der Marktplatz lange vom Warenstrom. Zum einen verlief der Salzhandels-

➲ Der Sylvensteinspeicher wird von bewaldeten Bergen flankiert.

weg durch Tölz. Der zweite Handelsweg nutzte die Isar. Neben dem Rohstofftransport bereicherte sich die Stadt am Durst der Münchner. Da sich die Landeshauptstadt auf einer Schotterebene ohne natürliche Kühlmöglichkeiten ausbreitet, sorgten die 22 Tölzer Brauereien für stetigen Nachschub.

Auch Radler bleiben auf der Reise entlang der Isar nie durstig, folgt unterwegs doch Biergarten auf Biergarten. Das Zackenband der Berge wird im Rücken kleiner.

Großes Kino

Bevor Radler in das Gewusel von München eintauchen, passieren sie das Gelände der Bavaria Filmstadt. Mit welchen Tricks und Kniffen Film- und Fernsehmacher arbeiten, erfahren Besucher bei einem Rundgang über den ca. 300 000 Quadratmeter großen Standort. Die Studios wurden 1919 gegründet. Längst sind manche der hier gedrehten Streifen Klassiker: wie »Das Boot« von Wolfgang Petersen, »Der Untergang« von Oliver Hirschbiegel oder »Snow-den« von Oliver Stone.

Im österreichischen Hinterautal rauscht die Isar mit ungezügelter Kraft zu Tal.

Der Biergarten am Chinesischen Turm im Englischen Garten in München ist ein beliebter Treffpunkt.

Die Schloss- und Parkanlage der Wittelsbacher-Sommerresidenz Nymphenburg ist ein Besuchermagnet im Münchner Westen.

Morgenstimmung an der Isar

Vorbei an Geretsried und Wolfratshausen geht es durch das Naherholungsgebiet Pupplinger Au. Hier darf sich die Isar frei entfalten. Immerzu verlagert sie ihr Bett, bildet neue Kanäle, Wasserrinnen, Schotterbänke und kleine

Regensburg
Bayerischer Wald
Donau
Deggendorf
Ingolstadt
Isar
Landshut
Inn
München
Wasserburg
Chiemsee
Bad Tölz
Scharnitz
50 km

Inseln. Nach sieben entspannten Kilometern am Isarwerkkanal baut sich eine 100-Höhenmeter-Steigung auf. Dahinter führt die Isar ins Herz von München.

Die Schätze Münchens

Der Viktualienmarkt, die Residenz, die Pinakotheken, das Oktoberfest und der Nymphenburger Schlosspark – das alles zusammen macht den Zauber der Metropole aus.

Umschlungen von zwei Isararmen erreichen wir die Museumsinsel. Dort spazieren Besucher zum Deutschen Museum, das bedeutendste und größte seiner Art. Es präsentiert rund 30 000 Objekte aus 50 Bereichen der Naturwissenschaften und der Technik. Die Landeshauptstadt zeigt sich am Marienplatz von ihrer Schokoladenseite. Hier bildet das neugotische Rathaus mit den markanten Doppeltürmen der Frauenkirche ein harmonisches Bild, das jeder Tourist in der Kamera gespeichert mit nach Hause trägt. Isarradler ziehen durch den Englischen Garten.

Die halbe Wegstrecke ist geschafft, so radelt man durch die Auwälder Freising entgegen. Besucher spazieren vom Domberg zum Weihenstephaner Berg. Dort residiert die Bayerische Staatsbrauerei, die älteste noch bestehende Braustätte der Welt. Voraus baut sich das Unterbayerische Hügelland auf. Es zwingt die Isar zu einem Schwenk nach Nordosten. Wir durchqueren das Naturschutzgebiet Vogelfreistätte Mittlere Isarstauseen. Hier brüten mehr als 90 Vogelarten.

Genussradeln durch Auwälder

Der Radweg erreicht Landshut. Vom Ufer der Isar aus gehen zwei Prachtstraßen ab. Im wahrsten Sinne des Wortes herausragend ist die Stiftsbasilika St. Martin, das Wahrzeichen Landshuts mit dem höchsten Backsteinturm (130,6 Meter) der Welt. Hier der Rathausprunksaal, da die Stadtresidenz Landshut und hoch oben über den roten Dächern die Burg Trausnitz.

Von der Altstadt aus radeln wir weiter durch die Auwälder. Es lohnt sich, die stille Fahrt zu unterbrechen, etwa um Dingolfing oder Landau an der Isar zu besuchen. Hier wie dort lädt ein kleines Zentrum mit bunt angemalten Hausfassaden zu einer Rast ein.

Die finale Überraschung wartet – das Naturschutzgebiet Isarmündung. Die Isar zieht geruhsam an zwei Inseln vorbei und wird von der Donau lautlos geschluckt. Die Gedanken wandern stromaufwärts. Herrliche Stadtkerne, spannende Geschichte, dazu der allgegenwärtige Auwald. Wie hat die Reise nochmals begonnen? Mit dem Rinnsal im Karwendel, der guten Bergluft und den bayerischen Schmankerln.

Gut zu wissen

SCHWIERIGKEIT Leicht

WEGLÄNGE 290 km

CHARAKTER Der Isar-Radweg führt auf langen Asphaltbahnen oder festen Schotterwegen meist bergab und hat nur kurze Gegenanstiege.

WEGMARKIERUNG Schilder mit dem grünen Schriftzug »Isarradweg«

E-BIKE Infos zu E-Bikes über www.alpenwelt-karwendel.de und www.oberbayern.de

AUSGANGSPUNKT Hallerangeralm (Österreich)

ENDPUNKT Isarmündung bei Deggendorf

AN- UND ABREISE Den Isarursprung im Karwendelgebirge erreicht man mit dem Fahrrad über die Bahnhöfe Scharnitz (Österreich) und Mittenwald. Für die Rückreise mit dem Zug empfiehlt es sich, von der Isarmündung zurück nach Plattling zu radeln oder Deggendorf anzusteuern.

TOURISTINFO Arbeitskreis Isarradweg, c/o Alpin Consult, www.isarradweg.de; Tourismus Oberbayern München e. V., www.oberbayern.de; Bayern Tourismus Marketing GmbH, www.bayern.by und www.bayerninfo.de/rad

Die Altstadt von Landshut lädt zu ausgiebigen Streifzügen ein, darüber thront die Burg Trausnitz.

Der nördliche Abschnitt des Isar-Radwegs steht für genussvolles Radeln.

30

Innradweg

Auf leichten Wegen durch die Berge

Die Landschaften am Inn lesen sich wie das Register eines Bildbandes: Der Fluss zieht vom Engadin durch Tirol nach Bayern und sorgt für liebliche Bilder. Neben der Natur beeindrucken die Städte. Am Weg liegen Innsbruck, Kufstein, Rosenheim, Wasserburg und Passau.

Bevor Radler in Passau den Bahnhof ansteuern, blicken sie dem Inn wehmütig nach. Warum hat einen die Reise an seiner Seite so sehr bewegt? So sehr, dass man jeden Tag Abstecher unternommen hat, um möglichst viele Eindrücke zu sammeln. Auf seinen 517 Kilometern verändert der Fluss ständig das Aussehen. Er ist mal unbändig, dann wieder lieblich wie in einem Heimatfilm.

Der Inn startet den Lauf am Schweizer Lunghinsee auf einer Höhe von 2484 Metern. Das Wasser stürzt hinab Richtung Österreich und verlangsamt das Tempo. Innsbruck liegt eingebettet in die Berge der nördlichen Kalk- und der Zentralalpen. Reisende schauen gerne das Tirol-Panorama mitsamt dem Kaiserjägermuseum an. Sie bestaunen die Bergisel-Skisprungschanze sowie das Schloss Ambras und schweben in der Hungerburgbahn hinauf zum Alpenzoo.

Der Inn leitet Radler via Jenbach und Wörgl ins Zentrum von Kufstein. Die Festung liegt strategisch günstig am Ausgang des alpinen Inntales.

Handel am Inn

Auf der Rundtour kommen Besucher an Kanonen und Exponaten des Festungsmuseums vorüber. Krönender Abschluss der Besichtigungstour ist die Heldenorgel Kufstein. Sie ist mit 4948 Pfeifen die größte Freiorgel der Welt. Ihre Klänge begleiten Radler aus der Alpenrepublik hinüber nach Deutschland.

Auf dem folgenden Abschnitt stimmt alles: Die Sicht reicht von dem Dammkronenradweg weit ins Land. Am Weg liegen sehenswerte Städte. Den Anfang macht Rosenheim. Das wirtschaftliche Zentrum Südostbayerns bietet eine Fülle an kulturellen Einrichtungen. Darunter der im Auftrag König Maximilians II. von Bayern errichtete Lokschuppen, in dem wechselnde Ausstellungen präsentiert werden. Wer den halbrunden Besuchermagneten verlässt, erreicht nach wenigen Minuten zu Fuß den prächtigen Max-Josefs-Platz. Er bildet den Mittelpunkt der Rosenheimer Altstadt und wird komplett von Bürgerhäusern umrahmt.

Die Altstadt von Kufstein
lädt zu einem Spaziergang ein.

Zwei Stunden entfernt kommt Wasserburg in Sicht. Am Ufer erinnern herrschaftliche Gebäude an jene Zeit, als die Innschifffahrt erblühte. Aus den Dächern ragt der massive Viereckturm der Pfarrkirche St. Jakob auf. Die strategisch günstige Lage auf einer Halbinsel bewog den Hallgrafen Engelbert III. im Jahr 1137 seinen Stammsitz in die Wasserburg zu verlegen. Unter den Wittelsbachern und durch den Handelsweg auf dem Inn erlebte die Stadt in der Mitte des 13. Jahrhunderts eine Blüte. Anschließend knickt der Fluss vor den Hügelzügen des Alpenvorlandes kapitulierend gen Osten ab.

Geistliches Zentrum Bayerns

Mit eindrucksvollen Schleifen sucht sich das Wasser einen Weg durch das von eiszeitlichen Gletschern modellierte Terrain. Die Höhenrücken zwingen bis Mühldorf am Inn mehrmals aus dem Sattel. Beiderseits des Flusses prägen im Inn-Salzach-Stil errichtete Gebäude die Altstädte, so auch in Mühldorf. Typisch für die Bauweise sind die nach oben gezogenen Vorschussmauern mit den kunstvoll verzierten Häuserfronten und den Grabendächern. Seit dem

16. Jahrhundert gibt es in Mühldorf diese Architektur. Bei Bränden sollten die hohen Mauern ein Übergreifen auf das Nachbardach verhindern.

Der Kapellplatz in Altötting markiert die nächste Station. Seit über 1250 Jahren ist die Stadt geistliches Zentrum Bayerns und annähernd 500 Jahre lang der bedeutendste Marienwallfahrtsort Deutschlands. Ziel der Pilger ist die Schwarze Muttergottes im Oktogon der Gnadenkapelle. Im Inneren birgt sie neben dem Gnadenbild die silbernen Herzurnen bayerischer Könige und Kurfürsten. Wir steuern durch das Europareservat Unterer Inn und nähern uns einem weiteren Schmuckstück.

Lachmöwen, Seeadler und Biber

Nachdem ab 1939 am Unteren Inn fünf Stauwehre zur Stromgewinnung errichtet wurden, entstand auf einer Länge von 55 Flusskilometern eine faszinierende Landschaft. Sie reicht von der Mündung der Salzach bis zur Mündung der Rott und ist heute als Europareservat Unterer Inn geschützt. Das weitverzweigte Geflecht aus Flachwasserzonen, Schlickbänken, Seebecken und Inseln umfasst 5500 Hektar. Hier zählten Ornithologen bisher mehr als 300 Vogelarten. Besonders beeindruckend ist der Vogeldurchzug im Frühjahr und im Herbst. Wer Glück hat, erspäht Seeadler, Schwarzmilane, Rohrweihe oder Fischadler. Unter ihren wachen Augen baut der Europäische Biber seine imposanten Burgen (www.europareservat.de).

Neben der Natur überraschen am Inn-Radweg die sehenswerten Städte, hier Rosenheim.

Die historische Altstadt von Wasserburg wird vom Inn umschlungen.

Der weitläufige Kapellplatz von Altötting ist ein bedeutendes Wallfahrtsziel.

Silberzeile und Flüssetreffen

Stromabwärts stehen die dicht gedrängten Häuser von Schärding im Wasser des Inns kopf. Beherrscht wird das Bild von der Stadtpfarrkirche St. Georg, die den barocken Ortskern erhaben überragt. Vor der Silberzeile erstreckt sich der Obere Stadtplatz. Die Bürgerhäuser sind so bunt, als hätten die Einheimischen den Malkasten eines Künstlers geplündert: Adriablau, Aprikosenfarben, Mintgrün, Flamingorot. Hier setzt der Radweg zum Finale an.

Auf den letzten 16 Kilometern fließt der Inn durch ein breites, mit Felsen durchsetztes Waldtal. Wo die Bäume zurückweichen, liegt Passau – unser Reiseziel. Dort zieht der Fluss gemächlich zwischen den prächtigen Bauten und Kirchen hindurch. Man steigt ab und staunt. Ein Juwel ist der Dom St. Stephan. Prägend für das dreischiffige Langhaus sind kostbare Stuckarbeiten, die den Blick himmelwärts lenken, wo das Auge auf Fresken verweilt. Im Freien folgt man dem Ufer des Inns. Sein Tal weitet sich, von links strömt ein Gewässer herbei – die Donau.

Gut zu wissen

SCHWIERIGKEIT Leicht

WEGLÄNGE 308 km

CHARAKTER Der Innradweg ist eine lohnende Familientour und verläuft meist über eigenständige Radwege mit teils langen Kiespassagen.

WEGMARKIERUNG Unterwegs radelt man grün-weißen Routenschildern nach.

E-BIKE Der Abschnitt zwischen dem bayerischen Griesstätt und Mühldorf ist wellig. Dort sind E-Bikes eine sinnvolle Unterstützung. Die Webseite www.innregionen.com listet Radverleihe und Servicestationen auf.

AUSGANGSPUNKT Innsbruck

ENDPUNKT Passau

AN- UND ABREISE Innsbruck und Passau sind wichtige Bahndrehkreuze. Auch mit dem Fernbus kommt man gut zu beiden Streckenendpunkten.

TOURISTINFO Marketinggruppe Innradweg, www.innregionen.com

Interessant ist, dass der milchig-grüne Inn zur Zeit der Schneeschmelze bedeutend mehr Wasser mitführt als die blaue Donau. Jedoch ist sie es, die ihren Namen bis zum Schwarzen Meer behält. Name hin oder her, der Innradweg ist auf jeden Fall eine Reise wert.

⊂ Bunte Hausfassaden prägen die Altstadt von Schärding.

⊂ Der Inn ist 517 Kilometer lang und zieht durch die Schweiz, Österreich und Deutschland.

⊂ Passau zieht sich malerisch am Innufer entlang und hält für seine Besucher viel Sehenswertes bereit.

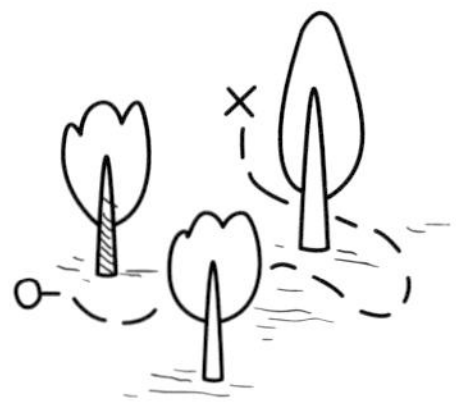

Radwege im Süden

Weitere Touren im Überblick

RADRUNDE ALLGÄU

Das Allgäu ist wie geschaffen, um sportlichen Radtouren nachzugehen. Hügel hinaufschnaufen, ein Panoramablick auf die Berge. Hügel hinabsausen, ein Dorf, ein See oder ein Flüsschen. Die meisten Wege im Alpenvorland sind geteert, zudem verkehrsfrei. Wer mehrere Ecken des Allgäus kennenlernen möchte, steuert der Radrunde nach. Die 445 Kilometer lange Tour bringt es auf 4600 Höhenmeter. Dabei grast sie all die Höhepunkte ab, für die man gerne an den Alpenrand fährt: Im Norden Memmingen, Ottobeuren und Bad Wörishofen. Im Süden Wangen, Oberstdorf, Pfronten und Füssen. Dazwischen erwartet einen viel Grün und die Stille der Natur.

AUSGANGSPUNKT
Bahnhof in Bad Wörishofen
ENDPUNKT
Bahnhof in Bad Wörishofen
WEGLÄNGE
445 km

AMMER-AMPER-RADWEG

Einem Fluss radelt man normalerweise von der Quelle zur Mündung nach. Also bergab. Beim Ammer-Amper-Radweg gibt es einen guten Grund, in die Gegenrichtung zu fahren. Bergauf. Gen Süden. Los geht es in Moosburg an der Isar. Das weite Tal der Amper malt die Kulisse für den ersten Abschnitt. Es rollt leicht durch Wiesen und Auwälder. Dachau, Fürstenfeldbruck, dann der Ammersee. Die Route hangelt sich an seinem Westufer entlang. Der Fluss ändert seinen Namen. Die Ammer nimmt einen mit in die Alpen. Radler klettern die Berge im Blick in die Höhe. Der Ammer-Amper-Radweg hat sich den schönsten Abschnitt bis zum Schluss aufgespart. Voraus das Graswangtal.

AUSGANGSPUNKT
Bahnhof in Moosburg an der Isar
ENDPUNKT
Bahnhof in Oberammergau
WEGLÄNGE
202 km

WASSERRADLWEGE OBERBAYERN: KUNST-SCHLEIFE

Würde man Deutschlands Radwege nach ihrer Vielfalt bewerten, dann bekäme die Kunst-Schleife der WasserRadlWege Oberbayern einen der ersten Preise. Jeder Tag glänzt mit anderen Bildern. Radler nehmen es als Einladung und schalten in den Entdeckermodus. Was es zu sehen gibt? In München die Schlösser, im Alpenvorland Klöster und im Mittelteil die großen Panoramen. Schön ist es in der Ammerschlucht, wild um die 2962 Meter aufragende Zugspitze und malerisch am Walchensee. Der Radweg führt von Bad Tölz an den Tegernsee. Dort heißt es Abschied nehmen von den Alpen. Doch auch durch die Wiesen und Wälder zurück nach München zu radeln macht Spaß.

AUSGANGSPUNKT
Hauptbahnhof in München
ENDPUNKT
Hauptbahnhof in München
WEGLÄNGE
340 km

Der Isar-Radweg verläuft meist in Flussnähe durch die Natur.

Der Isar-Radweg nutzt häufig gekieste Fahrspuren.

Alle Bundesländer locken Radler mit Landschaftsrouten an. Schön ist es auch in Bayern.

Register

T

U

V

W

X

Z

Wirkt wie in Skandinavien – der Sylvsteinspeicher

Thorsten Brönner ist begeisterter Tourenradler. In den letzten 25 Jahren legte er mit dem Fahrrad 300.000 Kilometer zurück, bisher hat er Europa auf über 200 Radreisen vom Nordkap bis hinunter nach Kreta befahren. Die Eindrücke verarbeitete er in 22 Büchern, über 300 Magazinartikeln sowie hunderttausenden Fotos.
Bei Bruckmann sind u. a. erschienen »Das große Radreisebuch Europa«, »Transalp mit dem Trekkingrad«, »Deutschlands schönste Flussradwege« und »Deutschlands schönste Radfernwege«.
Weitere Infos: www.thorstenbroenner.de

Impressum

Verantwortlich: Dr. Johannes Abdullahi
Redaktion, Lektorat und Satz: mcp concept GmbH
Repro: LUDWIG:media
Kartografie, Kartengrafik: Thomas Vogelmann
Umschlaggestaltung: Sophie Schillo
Herstellung: Alexander Knoll
Printed in Slovakia by Neografia

★★★★★

Sind Sie mit diesem Titel zufrieden? Dann würden wir uns über Ihre Weiterempfehlung freuen.
Erzählen Sie es im Freundeskreis, berichten Sie Ihrem Buchhändler, oder bewerten Sie beim Onlinekauf.
Und wenn Sie Kritik, Korrekturen, Aktualisierungen haben, freuen wir uns über Ihre Nachricht an Bruckmann Verlag, Postfach 40 02 09, D-80702 München oder per E-Mail an lektorat@verlagshaus.de.

Unser komplettes Programm finden Sie unter www.bruckmann.de

Alle Angaben dieses Werkes wurden vom Autor sorgfältig recherchiert und auf den neuesten Stand gebracht sowie vom Verlag geprüft. Für die Richtigkeit der Angaben kann jedoch keine Haftung übernommen werden, weshalb die Nutzung auf eigene Gefahr erfolgt. Insbesondere bei GPS-Daten können Abweichungen nicht ausgeschlossen werden. Sollte dieses Werk Links auf Webseiten Dritter enthalten, so machen wir uns die Inhalte nicht zu eigen und übernehmen für die Inhalte keine Haftung.

In diesem Buch wird aus Gründen der besseren Lesbarkeit das generische Maskulinum verwendet. Weibliche und anderweitige Geschlechteridentitäten werden dabei ausdrücklich mitgemeint, soweit es für die Aussage erforderlich ist.

Empfehlung der Redaktion
Sie sind auf der Suche nach weiterführender Literatur? Dann empfehlen wir Ihnen den Titel *Deutschlands schönste Radfernwege* oder *Deutschlands schönste Flussradwege* von Thorsten Brönner oder Sie werfen einen Blick in die Zeitschrift BERGSTEIGER. Hier werden Sie bestimmt fündig.

Bildnachweis: Alle Bilder im Innenteil stammen vom Autor.

Die Deutsche Nationalbibliothek verzeichnet diese Publikation in der Deutschen Nationalbibliografie; detaillierte bibliografische Daten sind im Internet über http://dnb.d-nb.de abrufbar.

2. aktualisierte Auflage
© 2022, 2021 Bruckmann Verlag GmbH
Infanteriestraße 11a, 80797 München
ISBN 978-3-7343-2153-5

Westerland
Sylt
Flensburg
Husum
Kiel
Fehmarn
stsee
Rügen
Sassnitz
Stralsund
Usedom
Ahlbeck
Nordsee
Cuxhaven
L beck
Rostock
Wismar
Elbe
Hamburg
Schwerin
Waren
Neubrandenburg
Wilhelmshaven
Bremerhaven
Oldenburg
Bremen
L neburg
Havel
Soltau
Wittenberge
Oranien-
burg
Delmenhorst
Salzwedel
Weser
Brandenburg
an der Havel
Berlin
Frankfurt
an der Od
der
Hannover
Wolfsburg
Potsdam
Rheine
Osnabr ck
Braunschweig
Magdeburg
Treuenbrietzen
Spree
M nster
Bielefeld
Goslar
Harz
Dessau
Cottbus
Hamm
Paderborn
Saale
Torgau
Xanten
Essen
Dortmund
Ruhr
G ttingen
Halle
Leipzig
Elbe
Duisburg
Bochum
Kassel
G rlitz
D sseldorf
Wuppertal
Rothaar-Geb.
Erfurt
ulde
Dresden
K ln
Siegen
Bad Salzungen
Jena
Gera
Chemnitz
Aachen
Bonn
Wetterau
Marburg
Thüringer Wald
Vogels-
berg
Erzgebirge
Lahn
Eifel
Koblenz
Limburg
Franken-
wald
Sonneberg
Cochem
Wiesbaden
Frankfurt am Main
ain
Bamberg
Fichtelgeb.
Mainz
Darmstadt
Bayreuth
Trier
Hunsrück
denwald
W rzburg
Miltenberg
Erlangen
Worms
Mannheim
Ludwigshafen
Neckar
Rothenburg
ob der Tauber
N rnberg
berpfälzer Wald
Saarbr cken
Pfälzer
Wald
Heidel-
berg
Heilbronn
Regensburg
Bodenmais
Bayerischer Wald
Karlsruhe
Pforzheim
Ludwigsburg
Stuttgart
onau
Ingolstadt
Baden-Baden
T bingen
Isar
Landshut
Passau
Schwarzwald
Schwäbische lb
Augsburg
Ulm
Inn
M nchen
Freiburg
Villingen-Schwenningen
Wasserburg
Singen
Kempten
(Allg u)
L rrach
Konstanz
Garmisch-
Partenkirchen
Berchtesgaden
100 km